これを知っていれば、コミュニケーションがとってもうまくいく！

ゼロからスタート 英会話

英語の気くばり・マナーがわかる編

日米くらべてわかる
異文化理解の秘訣53

山崎 祐一
Yamasaki Yuichi

Jリサーチ出版

●はじめに

なぜ日本人は英語が話せないのか

「中学や高校、大学で何年間も学んだにもかかわらず、英語が話せない」という声をよく耳にします。多くの人が「英語が話せない」理由はいったいどこにあるのでしょうか。学校では英文法ばかり勉強して、実践的な英会話を取り入れていないからでしょうか。それとも英語の教え方に問題があるのでしょうか。

日本人は外国人との交流がうまくできないとか、異文化の人に適切に評価してもらえないといった事態も生じていますが、それは、必ずしも単に英語力が十分でないためとは言えません。

たとえば、英語に対する誤解がコミュニケーションの障害になっていることはないでしょうか。あるいは、言葉の性質や文化の違いによる落とし穴にはまってはいないでしょうか。**「英語を使える日本人」になるには、英語や異文化のルールに対応する「柔軟な心」が必要です。**

文化・習慣の暗黙のルールを理解する

日本は文化的に上下社会のため、私たち日本人は、「謙虚さが美徳だ」などという日本語の発想のまま英語で話してしまいがちです。しかし、基本的に英語圏は対等社会ですから、あまりに控えめになったりへりくだったりすると、「消極的」とか「自己卑下」とネガティブなイメージを与えかねません。

また、**暗黙の了解が通じず、言葉にしないとわかってもらえないこともあります。**相手の申し出や誘いを断るときも、相手の気持ちを傷つけまいとして当たりさわりなく返すと、曖昧で結局どうしたいのかがわからないと言われたりもします。

それでは、英語では何でもはっきり言えばいいのでしょうか。英語には日本語のように敬語がないので、とにかくズバズバ言えばいいかというと、そうとも言い切れないのです。見えないところで上下関係があり、多様な丁寧表現もあるからです。

こうした**社会・文化的な側面を理解しておかないと、なかなか自信を持って英語を話すことはできません。**

英語の発音はできていますか

一生懸命英語で話しているのに、発音が原因で通じなかったという経験はありませんか。発音は、英会話で一番重要な要素ではありませんが、通じない発音では意味がありません。

英語の発音は、日本語の発音とくらべるととても複雑です。**付属のCDをフルに活用しながら、日本人にとって難しく、誤解されがちな英語の発音について理解し、「通じる発音」へと修正していくことが英会話の上達には不可欠です。**

言葉と文化には、その国や地域の固有のルールやマナーがあります。習慣や考え方も違います。それらは普通、テキストなどに文字で示してあるわけではなく、「暗黙のルール（unwritten rules）」として存在します。

本書を通して、英会話の表現を学ぶとともに、暗黙のルールを理解し、実際に役に立つ「通じる英会話」の基礎力を身につけていただくことが筆者の切なる願いです。

山崎 祐一

ゼロからスタート英会話 英語の気くばり・マナーがわかる編

CONTENTS

第3章 【コミュニケーションの応用】英語圏の文化編 …… 135

第4章 【コミュニケーションの発展】英語の発想編 …… 181

コラム 異文化みちくさ講座

本書の使い方

「あいさつ編」「シチュエーション別定型表現編」
「英語圏の文化編」「英語の発想編」という流れに沿って、
英会話に必須の知識・表現を学習します。

最重要ポイントを「秘訣」で示します。
秘訣は本全体で53あります。

UNIT 5

呼びかけ・敬称・肩書

秘訣 5

英語では肩書よりも名前で呼び合うことが多いです。たとえば、野球選手はチームの監督を「監督！」ではなく、David! とか Mr. Johnson! と呼んだりします。同様に、会社で部下は上司を「課長！」ではなく、たいてい名前や名字で呼びます。

肩書よりも名前を好む

日本語では、上下関係を明確にするために、目上の人に対しては肩書がよく使われますが、英語では**人と人は対等である**ことが前提。役職で人を判断するのではなく、**個人の人柄や行いのほうが重要**だという考え方です。

英語では部下が上司を名前や名字で呼ぶことが多いですが、もちろん、肩書を使う場合もありますので、その場の雰囲気で対応することも

34

UNIT 5

第1章 あいさつ編

大事です。

また、Good morning, Ms. Porter. や Thank you, Kathy. のように、文のあとに名前をつけて言う習慣にも慣れておきましょう。

名字ではなくファーストネームで呼び合う

大学の先生の中には、自分に対して Dr. や Mr. や Ms. のあとに名字（last name）をつけた呼び方ではなく、ただ名前（first name）で呼びなさいと学生に言う先生もいます。名字か名前かは本人の好みにもよりますが、基本的に大学生と大学教授は対等な大人同士ということです。

また、Mr. や Ms. を使う場合には名字につけます。Mr. Brown とは言いますが、誤って Mr. John と名前につけないように注意しましょう。

お客に接する場合

上下関係が日本語より希薄とは言え、ビジネス社会では英語でも敬称を使う場合があります。たとえば、男性のお客に対しては **sir** を、女性のお客に対しては **ma'am** を使います。お互いに敬意を表し、お客がホテルの従業員に敬称を使うこともあります。また、公的な場所や、かしこまった場面では、Mr. President!（大統領！）とか Excuse me, Your Honor!（すみません、裁判長！）など、肩書が使われることもあります。

35

学習項目の説明です。
英会話のノウハウが簡潔に説明されています。

定番表現の練習は、できる限り実際の会話でよく使うものを収録しました。自分でも何度も練習して、使えるようになりましょう。

例文はすべてCDに収録されています（ただし、悪い例を除く）。数字はCDのトラック番号です。

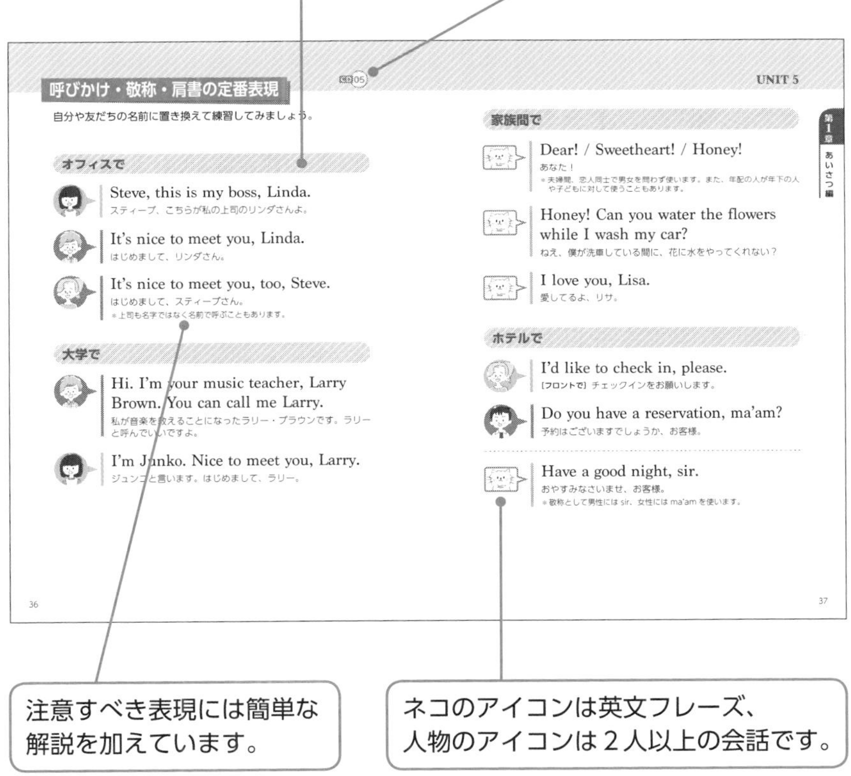

CD 05　UNIT 5

呼びかけ・敬称・肩書の定番表現

自分や友だちの名前に置き換えて練習してみましょう。

オフィスで

Steve, this is my boss, Linda.
スティーブ、こちらが私の上司のリンダさんよ。

It's nice to meet you, Linda.
はじめまして、リンダさん。

It's nice to meet you, too, Steve.
はじめまして、スティーブさん。
※上司も名字ではなく名前で呼ぶこともあります。

大学で

Hi. I'm your music teacher, Larry Brown. You can call me Larry.
私が音楽を教えることになったラリー・ブラウンです。ラリーと呼んでいいですよ。

I'm Junko. Nice to meet you, Larry.
ジュンコと言います。はじめまして、ラリー。

家族間で

Dear! / Sweetheart! / Honey!
あなた！
※夫婦間、恋人同士で男女を問わず使います。また、年配の人が年下の人や子どもに対して使うこともあります。

Honey! Can you water the flowers while I wash my car?
ねえ、僕が洗車している間に、花に水をやってくれない？

I love you, Lisa.
愛してるよ、リサ。

ホテルで

I'd like to check in, please.
［フロントで］チェックインをお願いします。

Do you have a reservation, ma'am?
予約はございますでしょうか、お客様。

Have a good night, sir.
おやすみなさいませ、お客様。
※敬称として男性には sir、女性には ma'am を使います。

36　37

第1章 あいさつ編

注意すべき表現には簡単な解説を加えています。

ネコのアイコンは英文フレーズ、
人物のアイコンは２人以上の会話です。

［CDを活用しよう］

会話表現の練習には、付属のCDを利用してください。ネイティブスピーカーの正しい音声を何度も聞いて、自分でも「音読」をしましょう。音読をくり返すことで、英会話の基礎ができあがります。

［エクササイズ］

章末には、復習のための簡単なエクササイズを用意しています。各章をひととおり学習したら、エクササイズにトライしてみましょう。

音声ダウンロードのしかた

本書の音声は、インターネット経由でダウンロードいただくことが可能です。

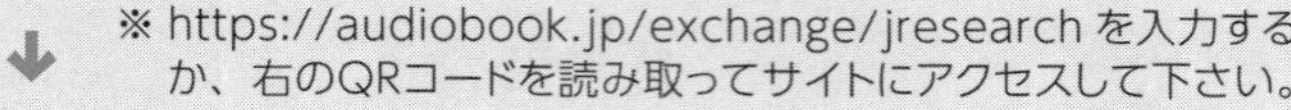

STEP1　音声ダウンロード用サイトにアクセス！

※ https://audiobook.jp/exchange/jresearch を入力するか、右のQRコードを読み取ってサイトにアクセスして下さい。

STEP2　表示されたページから、audiobook.jp への登録ページに進む！

※音声のダウンロードには、オーディオブック配信サービス audiobook.jp への会員登録（無料）が必要です。

STEP3　再度 STEP1 のサイトにアクセスし、シリアルコード「24666」を入力後、「送信」をクリック！

※作品がライブラリに追加されたと案内がでます。

STEP4　必要な音声ファイルをダウンロード!

※スマートフォンの場合は、アプリ「audiobook.jp」の案内が出ますので、アプリからご利用ください。

※PCの場合は、「ライブラリ」から音声ファイルをダウンロードしてご利用ください。

〈ご注意！〉

- ダウンロードには、オーディオブック配信サービス audiobook.jp への会員登録（無料）が必要です。
- PC からでも、iPhone や Android のスマートフォンからでも音声を再生していただけます。
- 音声は何度でもダウンロード・再生していただくことができます。
- ダウンロードについてのお問い合わせ：info@febe.jp
（受付時間：平日の10時～20時）

INTRODUCTION

英語を話すための マインドセット

英会話は「技能」です。さまざまな会話表現を覚えるという「知識」だけでは不十分です。練習をくり返して､自然に使える技能にまで鍛えることが必須です。

また、想定される対話相手、すなわち英語圏の文化・マナーを知っておくことも大切です。

まずは、このコーナーで英会話のための基本的な心構えを知ってから、具体的な学習に進みましょう。

だれでも英語が話せる正しい学び方

英会話上達のためには、正しい知識を仕入れ、
正しい方法でしっかり練習することが大切です。

英会話は「技能」です

英語が話せるようになりたい！

そう思っているのはあなただけではありません。そして、目的が仕事であろうと趣味であろうと、英語を話せるという夢は、実はそう遠くにあるわけではありません。それを夢のままで終わらせたくないなら、まず正しい学び方を知ることが必要です。では、いったいどうしたらいいのでしょうか。

英語は言葉です。生活に密着したものです。あまりアカデミックに考えすぎると、かえって遠回りをすることになってしまいます。本書は「英語が話せるようになる」という目的達成のプロセスを示すものです。

英語は中高の主要５教科の中では、やっぱり何となく浮いていると思いませんか。それは英語が「知識」だけに終わらない、「技能」が伴う教科だからです。そういう意味では、英語は音楽とか体育のような技能教科と似ています。技能というものは、身につけた知識や技術を練習によって使いこなせるように磨いていかなければなりません。知っているだけではだめなのです。

基本的な技能、たとえば、中学校で習った「基本単語」を使いこなす技能や正しく発音する技術を身につければ、それだけで英会話力はぐ～んとアップします。

「英語の性格」を知ろう

「言葉」は言わば両刃の剣です。言葉１つで相手を傷つけることもできれば、「命の電話」のようにひと言で相手の命を救うこともできます。たったひと言で誤解を受けたり、不和が生じたりするのは本当に残念ですが、励ましたり、勇気づけることができるのも言葉の大きな力です。

英語で自分のことを正しく伝え、正当に評価してもらうためには、その適切な使い方を学ばなければなりません。つまり英語本来の使い方、言い換えれば「英語の性格」を知ることです。

それには、たとえばコミュニケーションの基本である「あいさつ」のしかたやさまざまな場面で頻繁に使用する表現からスタートし、少しずつ日本語の発想から英語の発想へと転換していくことが必要です。英語を使って会話の相手と「居心地のいい空間」を作り上げるために、「英語らしさ」、「ナチュラルさ」を身につけましょう。実はそれは考えるほど難しいことではありません。

言葉の背後にある「文化」を学ぼう

確かに、「言葉」はコミュニケーションの中で重要な役割を果たすことは事実です。「言葉」は頭の中にあるイメージを相手に伝える貴重な道具として機能します。しかし、「言葉」を使えるようになっただけでは、その国の人々とうまくコミュニケーションが取れるとは限りません。

たとえば、日本語が100％話せる日本人同士でも、「やっぱりこの人とは話がうまくいかない」などということはよくありますね。それは、お互いに相手の考え方が理解できないから、あるいは相手を認めることができないからでしょう。

言葉の背後には目には見えない「習慣」や「考え方」など、固有の「文化」が存在します。それを理解し、認め、意識することが、スムーズなコミュニケーションにつながるのです。

「英語の発想」を身につけよう

英語と日本語をじっくり比較すると、両言語の「表現の落差」が見えてきます。比較することによって、それぞれの言語の特徴がよく理解できるようになります。「英語と日本語はここが違うんだ」と気づけば、しめたもの。英語への興味も倍増するでしょう。

英語の丁寧表現や謙譲表現を日本語の感覚のまま使ってはいませんか。また、たいていはストレートに表現する英語にも間接表現や曖昧表現があります。英語の表現の特徴をつかみ、英語独特の表現テクニックを身につければ、あなたの英語は確実に「通じる」ようになるでしょう。

英会話は「音読」して練習しよう

英語も国語もまずは音読です。必ず声に出して読む練習を取り入れてください。音読なくして英会話の上達はない、と断言できます。音読をすれば表現を覚えるだけでなく、発音も上手くなるし、発音が上手くなれば音読がさらに楽しくなります。音読しながら自分のいい発音が聞こえてくれば、リスニングの練習にもなり一石三鳥というわけです。

日本語にない英語の発音をCDを聴きながら音読し、自分の音のレパートリーを増やしていきましょう。「そんな奇妙な音は出せない」とか「そんな発音をするのは面倒だ」と脳が判断してしまえば、いくら口や舌が柔軟でも英語の発音はできません。発音も「異なるものを知り、認める力」が大前提なのです。

「英会話の九九」をおさえよう

私たちは、2桁、3桁の掛け算をすべて丸暗記しているわけではありません。しかし、初めて見る掛け算をその場で計算することができます。それは、九九を覚えて応用しているからです。

英会話表現をすべて丸暗記することは不可能です。ただ、基本の表現を「英会話の九九」として覚えていれば、それを基軸にさまざまな表現に広げられます。まずは、あいさつなど基本になる表現をおさえましょう。そうすれば、まったく同じ表現ではなくても、似たような表現に出会ったときにそれが理解できるようになります。また、少し変化させて応用して言えるようになるのです。

間違いを恐れず自信を持って話そう

日本語を学んでいる海外の人たちの中には、短い期間である程度日本語を話せるようになる人がいます。彼らは「外国語なのだから間違えるのはあたりまえ」という姿勢で積極的に日本語で話しかけてきます。初めは文法や発音は間違っていても、それを修正しながら徐々に会話は上手くなっていくのです。

外国語には間違いはつきものです。完璧主義であってはいけません。正確に覚えていなくても、間違いを恐れず自信を持って思い切って話してみましょう。英会話にはたゆまぬ冒険心とチャレンジ精神が必要です。

異文化みちくさ講座 ❶

メジャーリーグは異文化コミュニケーションの縮図だ

英語という言葉には、にぎやかでハッピー、時に大騒ぎをするようなイメージがあるように思いませんか。しかし、これは必ずしも真実ではありません。

たとえば、メジャーリーグ（アメリカのプロ野球）で、打者が審判のストライクの判定に不満があったとします。そんなとき、打者は不満を口にしなくても、そうした態度を示すだけで、審判に対する侮辱行為と見なされ、退場となるのです。

ホームランを打っても笑顔も見せず、淡々とダイアモンドを一周します。ガッツポーズをすると、相手チームに対する侮辱行為や挑発行為と受け取られてしまいます。結果的に相手を侮辱するような感情表現をしないのがアメリカのベースボールの鉄則です。

相撲で、力士が勝敗について不満をあらわにしたり、勝って誇らしげな態度をとったりしないのと同じです。日本の国技、アメリカの国技、異なるスポーツではあっても、「弱者に対するいたわり」という共通した精神やマナーがあるように思います。

日本の野球では喜びを相手の前で堂々と表現しますが、日米親善野球の試合では、お互いの「暗黙のルール」を認識していなければ、親善どころか、相手に不愉快な気分を与えてしまうかもしれません。

メジャーリーグは登録選手のうち４分の１が外国籍の選手だと言われています。優れた技術だけではなく、チームメイト同士がお互いの考え方を認め合って、上手くコミュニケーションを取り合っていくことが、勝敗の鍵だと言っても過言ではありません。メジャーリーグこそ、異文化コミュニケーションの縮図と言えるでしょう。

ボストンレッドソックスの本拠地、Fenway Park

第1章

コミュニケーションの超基本

あいさつ編

コミュニケーションの基本はまずあいさつです。

初対面のあいさつから自己紹介、呼びかけ、あいづち、感情表現など、会話の基本となる表現を身につけましょう。

笑顔、アイコンタクトなど、英語圏におけるマナーやふるまい方を知っておくと、スムーズに会話に入っていけます。

UNIT 1

初対面のあいさつ

秘訣 1

「はじめまして」という表現で最も一般的なのが、Nice to meet you. です。そう言われたら、Nice to meet you, too. と返しましょう。言葉で言われたら言葉で返す。それが英語の礼儀です。

笑顔でフレンドリーが基本

英語圏の人は日本人とくらべると、お互いに初対面であっても比較的気軽に声をかけてきます。

英語で話す場合は**フレンドリーがモットー**です。基本的に堅苦しさを避け、あいさつは「**笑顔で**」「**胸を張って**」「**握手**」です。あいさつだけで会話が途切れないように、できるだけ相手の負担にならないような話題を提供しましょう。

日本人の名前の発音のしかた

英語圏の人たちには、日本人の名前の多くは非常に長く感じられます。たとえば、あなたには「山口」と「ウイリアムス」という名字のどちらが長い名前に聞こえますか。「**やまぐち**」は**4文字**で「**ウイリアムス**」は**6文字**ですから、おそらく「ウイリアムス」が長く感じるのではないかと思います。

しかし、英語では **Ya・ma・gu・chi** は**4音節**、**Wil・liams** は**2音節**ですので、英語圏の人には、Yamaguchi のほうがずっと長く感じられてしまうのです。聞き慣れない名前は、聞き取るのがたいへんです。自分の名前を相手に伝えるときには、「**ゆっくり、はっきり**」言ってあげましょう。

また、英語で日本人の名前を発音するときには、**後ろから2番目**の音節にアクセントを置くのが普通です。たとえば、4音節の Ya・ma・gu・chi（山口）ならば **gu** を、3音節の Su・zu・ki（鈴木）なら **zu** を強く発音します。2音節の I・de（井手）は **I**、つまり1番目の音節を強く発音するということになります。

CD 01

初対面のあいさつの定番表現

実際にそのまま使える便利なものばかりなので、外国人とコミュニケーションをとっている自分を想像しながら、大きな声で練習してみましょう。

基本パターン①

Hello. I'm Hitomi. Nice to meet you.
こんにちは。ヒトミです。どうぞよろしく。

Nice to meet you, too, Hitomi.
I'm George.
はじめまして、ヒトミさん。ジョージです。

Where are you from, George?
ジョージさんはどちらからいらっしゃったんですか。

I'm from Long Beach, California.
カリフォルニア州のロングビーチです。

基本パターン②

Hello. It's a pleasure to meet you.
I'm Kenji Yamaguchi.
こんにちは。はじめまして。山口健二と申します。

The pleasure is all mine,
Mr. Yamaguchi. I'm Jane Williams.
はじめまして、山口さん。ジェーン・ウイリアムスです。

How was your flight to Japan?
日本までの旅はいかがでしたか。

It was great!
快適でした！

事前にメール、電話でのあいさつを済ませている場合

Very happy to see you.
お会いできて幸せです。

It's so nice to finally meet you!
やっとお会いできて私もうれしいです！

事前に第3者から相手について聞いている場合

I've heard a lot about you.
お噂は伺っております。

Only good things, I hope.
いいことだけお聞きであればいいのですが（笑）。
＊冗談で言う場合が多いです。

UNIT 2

自己紹介

日本語での自己紹介は、「私の趣味は音楽です」とか「スポーツが好きです」のようにあまり深いところまでは触れませんが、英語ではできるだけ具体的に話しましょう。
自己紹介をするときは、どういう内容を話すのか、あらかじめアウトラインだけでも覚えておくといいでしょう。あとは個別の内容を組み合わせるだけです。どのような場面でも対応できて便利です。

具体的な話をして相手の関心を引く

自己紹介は日本語でもなかなか難しいものです。いきなり自己紹介してくださいと言われても、「名前と出身地と…、年齢はどうしよう…。あと何を言ったらいいの？」なんて考えてしまうことはありませんか。日本語で自己紹介をするときは、あまり深いところまで触れない傾向にありますが、英語ではできるだけ**具体的に話しましょう**。ただ「音楽が好き」と言うだけではなく、どんな音楽が好きなのか。ロック？　ジャズ？

クラシック？ 好きな曲やミュージシャンは？ 聴くより楽器を演奏するのが好き？ 何の楽器を何年弾いているの？ など。詳しくなればなるほど自分をわかってもらえるし、自己紹介もおもしろいものになります。

冗談も交えれば最高

はじめに、Hello, everyone.（こんにちは、みなさん）とか Allow me to introduce myself.（自己紹介させていただきます）と言ったあとに名前を言います。特に日本人の名前は、英語圏の人には長く聞こえるので、名字は省き名前だけを言ってもいいでしょう。それから出身地、現在の仕事、家族、趣味、将来の計画などを具体的に話します。ただダラダラしただけの長話にならないようにしないといけません。

また、英語の自己紹介では、どんなに形式ばった場面でもよく**冗談を交えて**話します。まじめになりすぎずに、冗談を言って場を和ませる配慮も必要でしょう。

自己紹介の定番表現

CD 02

自分自身についてできるだけたくさん話してみましょう。

出だしの表現

Hello, everyone. I'm Yohei.

こんにちは、みなさん。ヨウヘイと申します。

Allow me to introduce myself. My name is Yukiko Terada.

自己紹介させていただきます。寺田由紀子と申します。

Let me introduce myself. I'm Asuka.

自己紹介いたします。アスカです。

As Mr. Yamamura told you, I'm Kenji Matsui.

ただ今、山村様からご紹介にあずかりました松井健二でございます。

趣味について①

I like any kind of music, but I'm most interested in classical music. I've been playing the guitar for seven years. My favorite composer is Bach. Of all his pieces I like Chaconne the best.

趣味は音楽で、中でもクラシックが一番好きです。ギター歴7年です。好きな作曲家はバッハです。一番好きな曲はシャコンヌです。

趣味について②

I like baseball. I used to play it when I was in high school, but now I don't have much time for it. I often watch a baseball game on TV. I also go to a ball park to see a game at least once a year. I'm a big fan of the Giants.

野球が好きです。高校では実際にプレイしていましたが、今はなかなか時間が取れません。よくテレビで野球の試合を見ます。少なくとも年1回は球場に足を運ぶようにしています。ジャイアンツの大ファンです。

趣味について③

I like travelling a lot. So far, I've been to Korea, India, Hawaii, and Switzerland. It is a good experience for me to visit different places and meet all kinds of people.

旅行が大好きです。これまでに韓国、インド、ハワイ、スイスに行きました。違う場所を訪れたり、現地でさまざまな人に出会ったりすることは私にとっていい経験になっています。

仕事について

I work for Yoshida Electronics. My job title is Production Control Specialist. It sounds very serious, but actually it's not. I sometimes have to go on a business trip. Recently I've been to our Osaka branch office. My coworkers are so nice and friendly to me, and I'm really happy with my job.

ヨシダ電子で働いています。職名は生産管理専門職です。すごく重大なポジションに聞こえますが、実はそうでもありません(笑)。たまに出張があります。最近では大阪の支社に行きました。同僚はみんな親切で親しみやすく、今の仕事にとても満足しています。

家族について

Hi! I'm Ryuichi. When I lived in the States, people used to call me Luigi. They probably thought I was a funny Japanese who had an Italian name. Anyway, I'm married with two children. Their ages are eleven and eight. My wife's name is Naomi, and she is a nurse in a large hospital.

こんにちは！ リュウイチと言います。私がアメリカに住んでいたとき、みんな私のことを（発音が似ているので）ルイジと間違って呼んでいました。イタリア人の名前をもったヘンな日本人だとみんな思っていたことでしょう（笑）。ところで、私は結婚していて子どもが２人います。年は11才と８才です。家内の名前はナオミです。大きな病院で看護師をしています。

学校・将来について

I'm currently a sophomore at Teinan University. I major in Business Administration. I'm planning to study English in America next year. After I graduate, I want to get a job at an airline company.

現在、帝南大学の２年生です。経営学を専攻しています。来年アメリカに英語の勉強に行く予定です。卒業後は航空会社に就職したいと思っています。

＊ sophomore（大学２年生）

締めの表現

Thank you for your attention.

ご清聴ありがとうございました。

That's about it.

これで終わります。

UNIT 3

相手について質問する

秘訣③

会話はターンテイキング（turn-taking = 交互にしゃべること）が原則です。こちらが相手の質問に答えるばかりではいけません。最初、相手が話し手で自分が聞き手なら、つぎは自分が話し手で相手が聞き手になるのが原則です。

話し上手は聞き上手

話題が見つからないときは、英会話を続けるのはとてもたいへんです。英会話を続ける一番いい方法の１つが、相手について「**質問**」を投げかけることです。

特に話し相手がネイティブスピーカーの場合は、会話のペースが相手中心になりがちです。相手に会話のペースをつかまれる前に、こちらからも**積極的に質問**をしていきましょう。こちらが質問をして相手に答えさせるようにすると、英会話はとても楽になります。

そしてコミュニケーションの形が**一方通行にならないように**注意しましょう。そのいい方法が「質問」です。ただ、相手について質問をするためには、相手が話していることをよく聞いていなければいけません。よく聞いていないと、返答もスムーズにできませんし、その後の質問にもつながりません。つまり、人の言うことを上手く聞けない人は、会話が下手だということになります。「**話し上手は聞き上手**」というわけです。

パーティーではためらわずに質問を

質問を投げかけることが特に役に立つのは、見知らぬ人同士がはじめて出会うことが多いパーティーです。ためらわずに思い切ってこちらから質問してみましょう。学歴社会の日本では出身大学名をいきなり聞くのはどうかと思われがちですが、英語圏では出身大学を平気で聞いてきます。大学の話題が出たときには相手の出身大学について質問してみてもいいでしょう。

相手にいろいろな質問をする

CD 03

そのまま使える便利なフレーズばかりです。スムーズに話せるようになるまで、大きな声でくり返し練習しましょう。

Where are you from?

ご出身はどちらですか。

What do you do?

お仕事は何をなさっているんですか。

What brought you to Japan?

どうして日本に来られたのですか。

＊英語では「何があなたを日本に連れてきたのですか」となります。

How long has it been since you came to Japan?

日本に来られてどのくらいになるのですか。

How do you like it in Japan?

日本はどうですか。

＊英語では「日本の生活はどのくらい好きですか」と聞きます。it を忘れないようにしましょう。

Have you been to any other cities in Japan?

日本の他の都市には行かれましたか。

How much longer are you planning to stay in Japan?

日本にはあとどのくらいいらっしゃるご予定ですか。

＊ how much longer（あとどのくらい）

Do you like Japanese food?
和食はお好きですか。

Which college did you go to?
大学はどちらに行かれたのですか。

What do you do for fun?
何をして楽しんでいますか。

What do you like to do in your free time?
時間があるときはどんなことをしていますか。

UNIT 4 日常のあいさつ

秘訣④

英語では Hello. や Good morning! を言ったあとに、形だけのあいさつにならないよう「元気ですか」とか「調子はどうですか」と、相手に質問を投げかけて会話を豊かにしていきます。

相手のことも聞き返すのが礼儀

あいさつはコミュニケーションの原点と言っても過言ではありません。しかし、文化が違えばあいさつのしかたも異なり、簡単そうで意外に難しいものです。たとえば、日本語では「おはようございます」と言われれば「おはようございます」、「こんにちは」と言われたら「こんにちは」とオウム返しをしてその場のあいさつを終えることが多いと思います。しかし英語では、**「元気ですか」とか「週末はどうでしたか」など、続けて質問することが多い**です。最も一般的な表現は、中学校で習う How are you? ですね。それに対しては、Just fine. や Pretty good. などで答えます。

また、相手から聞かれっぱなしではなく、**相手のことも聞いてあげる**のが英語の原則です。日本語では、「元気？」と言われたら、「元気よ！」で会話がいったん終わることも多いですね。

しかし、英語では必ずAnd you? とかHow about yourself? など、相手のことを聞いてあげることも忘れないようにしましょう。

あいさつのバリエーションはいろいろ

また、Howの代わりにWhatを使って相手に聞く場合もあります。たとえば、What's new?（生活に何か変化はある？）です。このあいさつには、特に何もなければNothing. と答えれば良いでしょう。

How's your family?（ご家族はお元気ですか）やHow's everybody?（みなさんお変わりありませんか）などは、会話の相手だけでなく、その家族や友人に対しても気遣いをする言い方です。優しい気持ちを相手に伝えることにより、会話が温かいものになります。

お決まりの質問への対応のしかた

月曜日には決まってHow was your weekend?（週末はどうでしたか）と聞かれます。日本人は詳しく答えようとする傾向がありますが、あまり細かく考えず、相手に失礼にならない程度の内容で答えればいいでしょう。

日常のあいさつの定番表現

CD 04

豊かな表現と優しい心配りで、温かいコミュニケーションを目指しましょう。

Hello, John! How are you doing?
こんにちは、ジョン。元気ですか。

No complaints. How about yourself?
元気だよ。君はどう？

Hi, Asuka! How's it going?
アスカ、元気にしてる？

Pretty good. And you?
まあね。あなたは？

How's everything with you?
調子はどうですか。

Things couldn't be better!
絶好調ですよ！

＊他にも答え方として、Not bad.（悪くないね）、Oh, I'm OK.（まあまあですね）、I'm surviving.（何とかやってます）などがあります。

What's up?
調子は？

Nothing.
いいよ。

What's new?
元気？

Nothing much.
まあね。

How's your family?
ご家族はお元気ですか。

They're fine. Actually, my dad has just turned 60.
みんな元気です。実は、父は60歳になりました。

How was your weekend?
週末はどうだった？

It was OK. How about your weekend?
まあまあ。あなたは？

How was your vacation?
休暇はどうだった？

It was great! I went to the beach every day. How was your vacation?
すごく楽しかった！ 毎日ビーチに行ってたよ。あなたの休暇は？

UNIT 5 呼びかけ・敬称・肩書

秘訣 5

英語では肩書よりも名前で呼び合うことが多いです。たとえば、野球選手はチームの監督を「監督！」ではなく、David! とか Mr. Johnson! と呼んだりします。同様に、会社で部下は上司を「課長！」ではなく、たいてい名前や名字で呼びます。

肩書よりも名前を好む

日本語では、上下関係を明確にするために、目上の人に対しては肩書がよく使われますが、英語では**人と人は対等である**ことが前提。役職で人を判断するのではなく、**個人の人柄や行いのほうが重要**だという考え方です。

英語では部下が上司を名前や名字で呼ぶことが多いですが、もちろん、肩書を使う場合もありますので、その場の雰囲気で対応することも大事です。

また、Good morning, Ms. Porter. や Thank you, Kathy. のように、文のあとに名前をつけて言う習慣にも慣れておきましょう。

名字ではなくファーストネームで呼び合う

大学の先生の中には、自分に対して Dr. や Mr. や Ms. のあとに名字（last name）をつけた呼び方ではなく、ただ名前（first name）で呼びなさいと学生に言う先生もいます。名字か名前かは本人の好みにもよりますが、基本的に大学生と大学教授は対等な大人同士ということです。

また、Mr. や Ms. を使う場合には名字につけます。Mr. Brown とは言いますが、誤って Mr. John と名前につけないように注意しましょう。

お客に接する場合

上下関係が日本語より希薄とは言え、ビジネス社会では英語でも敬称を使う場合があります。たとえば、男性のお客に対しては **sir** を、女性のお客に対しては **ma'am** を使います。お互いに敬意を表し、お客がホテルの従業員に敬称を使うこともあります。また、公的な場所や、かしこまった場面では、Mr. President!（大統領！）とか Excuse me, Your Honor!（すみません、裁判長！）など、肩書が使われることもあります。

呼びかけ・敬称・肩書の定番表現

CD 05

自分や友だちの名前に置き換えて練習してみましょう。

オフィスで

Steve, this is my boss, Linda.

スティーブ、こちらが私の上司のリンダさんよ。

It's nice to meet you, Linda.

はじめまして、リンダさん。

It's nice to meet you, too, Steve.

はじめまして、スティーブさん。

＊上司も名字ではなく名前で呼ぶこともあります。

大学で

Hi. I'm your music teacher, Larry Brown. You can call me Larry.

私が音楽を教えることになったラリー・ブラウンです。ラリーと呼んでいいですよ。

I'm Junko. Nice to meet you, Larry.

ジュンコと言います。はじめまして、ラリー。

家族間で

Dear! / Sweetheart! / Honey!

あなた！

＊夫婦間、恋人同士で男女を問わず使います。また、年配の人が年下の人や子どもに対して使うこともあります。

Honey! Can you water the flowers while I wash my car?

ねえ、僕が洗車している間に、花に水をやってくれない？

I love you, Lisa.

愛してるよ、リサ。

ホテルで

I'd like to check in, please.

［フロントで］チェックインをお願いします。

Do you have a reservation, ma'am?

予約はございますでしょうか、お客様。

Have a good night, sir.

おやすみなさいませ、お客様。

＊敬称として男性には sir、女性には ma'am を使います。

UNIT 6

あいづち

会話に空白が生じそうなときなどに、コミュニケーションの流れをできるだけ止めないように、短い言葉でその空白を自然に埋めるのがあいづちです。あいづちを 1 つ挿入するだけで、温かさや思いやりを感じさせることができます。

あいづちは会話のクッションになる

あいづちは、会話の中で**気持ちを通わせる大切なクッション**の役割を果たします。また、相手に話を促す、相手の話に共感していることを示すなど、あいづちは**コミュニケーションの潤滑油**の役目も果たします。「同意する」（→100ページ）のところでも述べますが、日本語のあいづちのように「はい…、はい…」のつもりで、相手が言ったことに対して Yes ... Yes ... と言ってしまうと、相手に同意していると勘違いされるので注意しましょう。

　また、一連の会話ではI see ... I see ... I see ... のように同じあいづち表現をくり返さずに、**いろいろな種類のあいづちを使って会話を豊かに**しましょう。

　日本人はあいづちを打つ場合、うつむいたり視線をそらしたりすることがあります。英語であいづちを打つときには、**アイコンタクト**を忘れないようにしましょう。

あいづち

CD 06

納得する

I see.
なるほど。

Uh-huh.
わかります。

I bet.
そうでしょうねえ。

No wonder!
どおりで！

共感する

I can imagine.
想像できますよ。

It sure is! / I know!
本当にそうですよね！

I know what you mean.
おっしゃることはよくわかります。

確認する

Oh, yeah? / Is that so? / Is that right?
そうなんですか。

Are you? / You are!
本当ですか。

考える

Let me see ... / Well ...
そうですねえ。

驚きを表す

Really?
本当ですか？

Oh, my goodness!
それはたいへんだ！

No kidding!
うそでしょう！

賞賛する

Wow! That's great!
わあ！すごいですね！

Good for you!
やったね！

How nice!
それはいいね！

慰める

Oh, that's too bad.
ああ、それは残念。

I'm so sorry.
それはお気の毒に。

安堵する・喜びを分かち合う

Oh, I'm glad to hear that.
良かったですね。

UNIT 7

別れのあいさつ

別れのあいさつで一番一般的な言い方は See you. や Bye. です。また、Take care.（お気をつけて）とか Have a nice day.（いい１日をお過ごしください）と言われたら、必ず You, too.（あなたも）と言って返しましょう。夕刻以降は、Have a nice evening. を使います。ちなみに、はじめて出会ったときは Nice to meet you.（はじめまして）と言いますが、別れの際の言葉は Nice meeting you.（お会いできてうれしかったです）となります。

相手に帰りたいという合図を

会話の途中で話を切り上げて別れのあいさつをするときは、そのタイミングを見つけるのがなかなか難しいものです。

タイミングを取るいい方法の１つは、別れの言葉を切り出す前に、**あいづちのクッション**を入れることです。たとえば、相手の言葉のあとに

I see, well ...（そうなんですか。あの～）とつけ足したり、ちょっとした会話の空白を利用して **Umm ... you know what?**（あの～、実はですね）などと切り出したりして、立ち去らないといけない理由や別れの言葉を言えば、会話のぎこちなさが解消されます。

また、時計をチラッと見て、時間を意識していることを相手にそれとなく伝えたり、Oh, what time is it now?（えっ、今何時？）と相手に聞いたりして話題を時間のことにシフトするのもいいでしょう。

こちらから切り出す心配りをしよう

相手がまだ話をしたいのかどうか様子をうかがいながら、会話を閉じる言葉をこちらから切り出してあげる気遣いも持ちたいものです。たとえば、You must be busy, so I'll let you go.（お忙しいでしょうから、このあたりで）と言って、相手に立ち去る機会を与えてあげるのもいいでしょう。

別れのあいさつの定番表現

CD 07

あいづちのクッションを入れながらスムーズにコミュニケーションをとる練習をしましょう。

See you. / I'll talk to you later. / Catch you later.

じゃあまた。

Take care.

お気をつけて。

I'll see you on Monday.

じゃあ月曜日に。

I hope to see you again soon.

近いうちにまたお会いしましょう。

You must be busy, so I'll let you go.

お忙しいでしょうから、このあたりで。

I should get going. / I've got to (gotta) go now.

もう行かないといけません。

＊後者はややくだけた言い方。友人にはくだけた言い方で OK。むしろそれが自然です。

Have a good weekend.

良い週末を。

Have a nice evening.

すてきな夜をお過ごしください。

Nice meeting you.

お会いできてうれしかったです。

＊初対面の人と別れるときに使います。

Nice talking with you.

お話できてうれしかったです。

＊初対面の人と別れるときに使います。実際に顔は見えていない電話での会話のときにも便利です。

Thank you for your time.

お時間を割いていただき、ありがとうございました。

Say hello to Bob for me.

ボブによろしく。

UNIT 8

久しぶりに会う

秘訣 8

日本語の「久しぶり」にあたる単語は英語にはありません。その代わりに、久しぶりに会えてうれしいという気持ちをさまざまな言葉を組み合わせて表現します。

笑顔と握手で再会の喜びを強調しよう

久しぶりに会ったときも、やはり**笑顔は欠かせません**。握手とともに、本当に会えてよかったという表情や言葉による表現が重要です。握手は「**信頼関係の証**」ですので、するとしないでは大違いです。握手がないときには、冷ややかな空気さえ流れがちです。

数年ぶりならハグを

数年ぶりの再会であれば、男女を問わず**ハグをする**こともよくあります。家族の間ではもちろん、友だちや恋人同士、生徒と恩師など、はにかむことはありません。形式よりも感情表現を大切にしましょう！たとえ目上の人であっても、硬くならずににこやかに。日本人は「そこまで喜ぶの？」と思うくらいの感情表現をしないと、英語ではなかなか気持ちが伝わりません。

「久しぶり」という英単語はありませんが、久しぶりの再会を喜ぶ言葉には、たとえば、**Good to see you again!** があります。「久しぶりですね」と言うときに使いますが、結局は「再び会えてよかった」と言っているわけです。日本語での「ご無沙汰しております」の **I haven't seen you for ages!** も、文そのものは「あなたに何年も会っていない」という内容です。

相手と昔会った確信がないときは…

もし、何となく見覚えがある人にばったり出会ったときは、知らない顔をせずに、You look familiar.（見覚えがあるのですが［でもどなたか思い出せません］）とか Have we met?（以前お会いしたことがありますか）と笑顔で言ってみてください。いろいろな言い方を使ってみましょう。

久しぶりに会ったときの定番表現

CD 08

久しぶりに会えてうれしいという気持ちを言葉だけでなく、表情でも表しましょう。笑顔を忘れずに！

It's been a long time! / Long time no see.

久しぶりですね！

＊電話では、実際に会っているわけではないので Long time no see. の代わりに Long time no talk. と言えばいいでしょう。

It's the first time in ten years.

10年ぶりです。

Good to see you again!

またお会いできてよかったです！

I haven't seen you for ages.

ご無沙汰しております。

＊ ages は「時代」という意味。つまり、「すごく長い時間」ということです。

How have you been?

いかがお過ごしでしたか。

Have we met?

以前お会いしたことがありますか。

You look familiar.

見覚えがあるのですが［でもどなたか思い出せません］。

I wonder if you remember me.

私のことを覚えていらっしゃいますか。

Time flies. /
Time sure has a way of flying by.

時が過ぎるのは早いものですね。

Look who's here!

おやおや、誰かと思ったら。

ポジティブな感情を表す

秘訣⑨

言葉よりも状況で物事を判断する、また相手の感情を察する日本の文化に対して、英語はあくまでも言葉重視。感情も言葉ではっきりと示します。相手に自分のポジティブな気持ちが上手く伝わるように、感情表現をしっかり覚えておきましょう。

日本人は感情表現が平面的

日本人は感情表現が苦手だということを英語圏の人はよく口にします。日本人同士ではそんなことはないのですが、欧米の人に対してはどうも日本人の感情は伝わりにくいようです。

そもそも彫りの深い欧米の人の顔だちとは異なり、日本人は一般的に表情が平面的で感情が表れにくい上に、昔から喜怒哀楽をあまり表に出さない文化でもあります。

うれしくて笑うときも遠慮がちに手で口を覆い隠しますし、証明写真も歯を見せて笑っているものは少ないでしょう。しかし、しゃべりながら手で口を覆うしぐさは、英語圏ではコミュニケーションに消極的だと取られてしまいます。証明写真も英語圏ではみんなうれしそうに笑っています。英語では**感情をはっきりと表す**のが好印象です。**生き生きと表現力豊かに話しましょう**。

多彩な言い方を使いこなそう

日本語ではすごいと感じたときには「すご～い！」、可愛いと感じたときには「かわいい～！」と、これ以外の言葉がないのかというくらい同じ言葉を何度も使います。それにくらべて英語は、ポジティブな感情の表現がたくさんあります。たとえば、日本語で「すごい」を表す言葉は、great, fantastic, marvelous, awesome, super, superb, excellent、「かわいい」もcute以外に、lovely, adorable, charming, sweet, prettyなど多彩です。

ポジティブな感情を表す定番表現

CD 09

英語でははっきりと感情を表すのが好印象です。生き生きと表現力豊かに話す練習をしましょう。

What a great surprise!
驚いたわ！／本当にうれしいわ！
＊喜びを強調するのに感嘆文を使います。

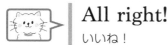

All right!
いいね！

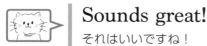

Sounds great!
それはいいですね！

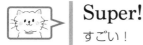

Super!
すごい！

I'm so excited!
ワクワクする！

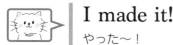

I made it!
やった〜！

I'd be happy to!
喜んで！

I was impressed!
感動しました！

Fancy meeting you here!
こんなところで会えるなんて！

I'm so happy that you could come.

来てくれて本当にうれしいわ。

This is the finest wine I've ever had.

これは今までに飲んだ中で最高のワインです。

＊満足な気持ちを表現するために最上級を使います。

Good thing it didn't rain.

雨が降らなくて良かったです。

UNIT 10

ネガティブな感情を表す

英語の場合、察してくれることや言葉の裏を読んでもらうことを相手に期待しすぎてはいけません。ネガティブな感情を表すときにもストレートに言葉で表現することが多いのです。感情を表現するときには、言葉とともに表情と声のトーンにも気を配りましょう。

慰めや同情の言葉も忘れずに

英語では自分のネガティブな感情も**言葉で明確に伝えます**。

日本語では周囲にいる人の気持ちを思いやって、ネガティブな感情を言葉で表現することを避けようとします。たとえば、日本では家族に不幸があったときも悲しみをぐっとこらえ、個人的な感情をあまり見せないようにします。

もちろん英語でも相手の気持ちやその場の雰囲気は大切にしますが、

たとえば、I'm sad.（悲しいです）、I feel so lonely.（とても寂しいです）など、相手がネガティブな感情を表現した場合には、黙って聞いておかずに、Don't be so hard on yourself.（そんなに自分を責めないで）とか、I know how you feel.（気持ち、よくわかるよ）のように**慰めや同情の言葉を返してあげる**ことも忘れないようにしましょう。

悪態や4文字語は避ける

また英語では第三者についても That's disgusting.（吐き気がするくらいひどい）、Her dress is ugly.（彼女の服は見苦しい）など、日本語よりも**思ったことを言葉で表現する**傾向があります。ただ、ストレートに表現するとは言っても、相手の気持ちを損ねる失礼な言い方になっていないか気をつけなければなりません。たとえば、God damn you!（こん畜生！）や Go to hell!（最悪だぜ！）などの CURSE（悪態）や、Shit!（くそっ！）や Fuck!（畜生！）などの FOUR-LETTER WORD（下品な4文字語）は避けましょう。

ネガティブな感情を表す定番表現

CD 10

言葉だけではなく、表情や声のトーンにも気をつけて練習しましょう。

What a shame!

残念です！

Oh, my gosh!

これはたいへん！

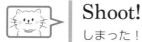

Shoot!

しまった！

How embarrassing!

とても恥ずかしいです！

I feel so guilty.

本当に申し訳ない気持ちです。

My luck's run out.

運が向かないです。

＊ Luck is not coming my way. とも言います。Just my luck!（またダメだ！）という表現もあります。

I'm so nervous.

とても緊張しています。

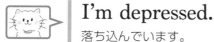

I'm depressed.

落ち込んでいます。

I was disappointed.

がっかりしました。

That's very discouraging.
自信をなくしちゃうね。

Too bad she couldn't make it today.
今日は彼女が都合がつかなくて残念です。

第1章 EXERCISES

❶ 日本語を参考にして、（　　　）に適語を入れましょう。
チャレンジ は応用問題です。

1. A：こんにちは。はじめまして。山口健次と申します。
B：はじめまして。ジェームズ・ウイリアムスです。
A: Hello. It's a pleasure to meet you. I'm Kenji Yamaguchi.
B: The pleasure is (　　　　) (　　　　), Mr. Yamaguchi. I'm James Williams.

2. 自己紹介いたします。アスカです。
Let me (　　　　) (　　　　). I'm Asuka.

3. 日本に来られてどのくらいになるのですか。
How long (　　　　) (　　　　) (　　　　) since you came to Japan?

4. A：元気？　　　　B：まあね。
A: What's new?　　　　B: (　　　　) much.

5. （店員がお客に）お休みなさいませ、お客様。
(　　　　) a good night, (　　　　).

6. A：秀雄さんは英語がとても上手ですね。
B：彼はアメリカに５年くらい住んでいたんですよ。
A：どうりで！
A: Hideo speaks English so well.
B: He lived in America for almost five years.
A: No (　　　　)!

7. これは今までに飲んだ中で一番すばらしいワインです。
This is the (　　　　) wine I've ever (　　　　).

8. 今日は彼女が都合がつかなくて残念です。

(　　　　) (　　　　) she couldn't (　　　　) it today.

9. お気をつけてお帰りください。 チャレンジ

Have a (　　　　) (　　　　) back home.

10. 偶然会えて良かったです。 チャレンジ

I'm glad we (　　　　) (　　　　) each other.

❷ つぎの日本語を、英語で言ってみましょう。
ヒントも参考にしてください。

1. おっしゃることはよくわかります。

____

ヒント「意味する」の mean を使います。

2. お噂は伺っております。

____

ヒント「噂」という英語は使いません。

3. 本当に申し訳ない気持ちです。

____

ヒント「申し訳ない気持ち」⇒「罪の意識を感じる」という発想です。

ANSWERS

❶

1. The pleasure is (all) (mine), Mr. Yamaguchi.

✔ Nice to meet you. には Nice to meet you, too. で、It's a pleasure to meet you. に対しては The pleasure is all mine. という決まった返し方があります。

2. Let me (introduce) (myself).

✔「～を紹介する」は introduce です。自分自身を紹介するのですから、目的語には再帰代名詞（～ self）を使います。

3. How long (has) (it) (been) since you came to Japan?

✔「日本に来て以来どのくらいの長さですか」ということですので、過去から現在までのことを表す現在完了形にします。

4. (Nothing) much.

✔ How are you? は how を使って「どうですか」と聞いているので Fine. で答えられますが、What's new? は what を使って「何か変わりはありますか」と聞いているので、Nothing much.（特に何もありません）と答えます。

5. (Have) a good night, (ma'am [sir]).

✔ もちろん Good night. だけでもかまいません。女性に対する敬称は ma'am、男性に対する敬称は sir でしたね。

6. No (wonder)!

✔ wonder は「不思議」という意味ですから、No wonder! は「不思議はない」、つまり「どうりで！」という表現になります。

7. This is the (finest) wine I've ever (had).

✔「上質なワイン」と言うときには形容詞は fine を使います。「飲む」や「食べる」は have で事足ります。ポジティブな感情を表すのに便利な表現の１つです。

8. (Too) (bad) she couldn't (make) it today.

✔ 「～で残念です」と言うときには Too bad の後ろに <主語＋動詞> を続けるだけでOKです。「都合がつく」は動詞の make を使います。

9. Have a (safe) (trip) back home.

✔ 「お気をつけて」、つまり「安全な旅を」ということですから、safe trip となります。もちろん、Have a nice trip back home. でも内容的には問題ありません。

10. I'm glad we (ran) (into) each other.

✔ 「～に偶然出くわす」ことを run into ～と言います。友だちに偶然出会って立ち話をしたあとの別れのひと言として最適です。

❷

1. I know what you mean.

✔ 共感したり同情したりするときのあいづち表現です。「おっしゃること」＝「あなたが意味すること」ととらえます。

2. I've heard a lot about you.

✔ 「噂を聞いている」つまり「あなたについてたくさんのことを聞いたことがある」と考えます。過去から現在までのことですから現在完了形を使います。

3. I feel so guilty.

✔ guilty は guilt（罪）の形容詞で「罪の意識がある」という意味です。英語で申し訳なさを表現するには「罪の意識を感じる」と言えばいいのです。

異文化みちくさ講座❷

「おふくろの味」はアップルパイ？

日本の「おふくろの味」と言えば、やはり味噌汁でしょう。最近では、おふくろの味をカレーライスと言う子どももいるようですが、やはり、味噌汁が定番ではないでしょうか。

では、アメリカに「おふくろの味」はあるのでしょうか。はい、やはりちゃんとあるのです。それは、アップルパイ！

もし、アメリカの映画で、登場人物がアップルパイを１人で寂しそうに食べながら、シクシクと涙を流しているとします。そのシーンに仮に言葉がないとしても、それは「お母さんが恋しい」ということを表しているのです。アップルパイを食べるとお母さんのことを思い出すというわけです。この場面を味噌汁に置き換えてみればよくわかるのではないでしょうか。

その国の文化を理解していないと、映画のストーリーを見失うことさえありえるということです。映画やドラマと同じように、日常生活には言葉以外のコミュニケーションの形がたくさんあります。英語を話すときにも、文化の違いをいつも意識するようにしましょう。

Good Old Home Cooking

第2章

コミュニケーションの基本

シチュエーション別定型表現編

お礼、謝罪、ほめる、誘うなど、英語には目的や場面、状況に応じた決まった言い回しがあります。

これらの定型表現を覚えておくと、必要な語句を入れ替えるだけで、さまざまな場面に対応できるようになります。

英語圏の習慣やマナーと一緒に覚えておくと、臆せず英語を使うことができるでしょう。

UNIT 11 お礼を言う

秘訣⑪

英語では、お礼・感謝の表現を何度もくり返しては言いません。英語でお礼は１回だけ！くどくど言わないことです。

お礼は１回だけが原則である

日本語でお礼を言うときには、お礼の言葉を何度もくり返します。何度もくり返すことによってありがたい気持ちを強調するのです。「どうも、どうも」など言葉のくり返しもあれば、「昨日はどうもありがとうございました」など日をまたいでくり返して言うこともよくあります。しかし**英語でお礼は１回だけ**！ 何度もくり返して言いません。英語で何度もお礼を言うと、また何かしてもらうことを期待していると勘違いする人もいますので、感謝の気持ちを強調したつもりが逆効果になりかねません。

同じ表現をくり返さない

これはビジネスレターなど書き言葉でも同じです。謝意を強調したいときは、Thank you. Thank you. と**同じ表現をくり返さず**、たとえば、Thank you. I appreciate it. とか、Thank you. That's very kind of you. など、**違う表現を使いましょう**。

日本人には、「先ほどはどうも」とか「この間はどうも」などという表現がないと、会話の流れとして物足りなさが感じられますが、このような具体的な内容を欠く曖昧な表現の英語訳は見あたりません。

日本語で丁寧にお礼を言うときには、「ありがとう」に「どうも」や「ございます」をつけた言い方が一般的ですが、英語では thank you に very much をつけるだけではなく、たとえば、Thank you for your help.（手助けをありがとうございます）など、感謝の具体的な内容を明示することによって丁寧さを表します。

お礼を言うときの定番表現

CD 11

感謝の気持ちを表すいろいろな表現を覚えましょう。

Thank you for your help.

手助けをありがとうございます。

I appreciate it.

ありがとう。

＊ thank も appreciate も「感謝する」という意味ですが、thank は「人」に感謝するとき、appreciate は「その人がしてくれたこと」に感謝するときに使います。

Thanks a lot!

どうもありがとう！

That's very kind of you.

ご親切にありがとうございます。

Thanks to you.

おかげさまで。

＊「あなたのおかげで」と言うときに使います。

Thanks again.

重ねてお礼申し上げます。

＊レターなどの最後に軽く言い添える表現です。

Thank you for the information.
It was a great help!

情報をありがとうございました。本当に役に立ちました！

I can't thank you enough.
何度お礼を言っても足りないくらいです。

I couldn't have done it without you.
あなたなしにはできなかったでしょう。
＊ couldn't have done は仮定法過去完了です。

I want to express my deepest gratitude to everyone who supported me.
私を支えてくださったすべての方々に深く感謝申し上げます。

謝る

「感謝」と同様に、英語では、謝るときに同じ表現を何度もくり返すと不誠実だと思われてしまうことがあります。謝罪するときには、なぜそのようなことが起こったのか理由を述べます。日本語では「言い訳」になってしまいますが、英語では「事実説明」であって、それが誠実な謝り方なのです。

定型表現の反復は通用しない

英語が通じない例の１つに「謝り方の違い」があります。私たちは、Excuse me.、I'm sorry.、I apologize. など、英語で謝る表現は知っています。しかし、これらの表現に関して発音や文法が完璧であっても、うまく謝罪の意が伝わらない場合があります。それは、「英語の謝り方」が「日本語の謝り方」とは異なるからです。日本語では、「すみません」という定型表現を何度もくり返すことによって、申し訳ないという気持ちを強調しますが、英語では、I'm sorry. など同じ表現を何度もくり返すと、逆に不誠実だと思われてしまうことがあります。**定型表現の反復は心がこもっておらず**、本当に悪いと思っているのかどうかわからないということです。英語では、なぜそのようなことが起こったのか理由を述べて「事実説明」をすることが、誠実な謝り方です。

笑みを浮かべてはいけない

また、謝るときの表情も大切です。日本人は、自分が何か失敗をして、仲のいい友人や同僚に軽く謝るとき、笑顔を見せることがありますが、英語では誠実さを疑われかねません。英語で謝るときは、**ニヤニヤせずに申し訳ないという表情**をしましょう。

謝るときの定番表現

CD 12

「お礼を言うとき」同様、何度も同じ表現をくり返さないことがポイントです。

Sorry about that.

ごめん。

＊軽く謝るときに使います。

I'm terribly sorry.

本当にすみません。

Sorry. I didn't quite get it. Could you repeat that?

すみません。おっしゃった意味がよくわかりませんでした。もう一度言ってくださいませんか。

I'm sorry to have kept you waiting so long. You'll never guess what happened. The bus I took broke down.

長くお待たせしてごめんなさい。信じられないかもしれませんが、実は、乗っていたバスが故障してしまって。

Excuse us. We're getting off.

すみません。降ります。

＊たとえば、混んでいるバスやエレベーターから同伴者と一緒に降りるときなど、失礼するのが自分ひとりではない場合、Excuse me. ではなくExcuse us. を使います。

Forgive me if I'm wrong.

間違っていたらすみません。

Will you excuse me for a moment? I'll be right back.

ちょっと失礼してもよろしいでしょうか。すぐ戻ります。

＊中座する場合に使います。

I'd like to apologize for changing the schedule.

スケジュールの変更につきましては、深くお詫び申し上げます。

Please send him my apologies for not being able to attend the party.

パーティーに行けないことを彼に謝っておいてください。

UNIT 13

ほめる

秘訣⑬

英語では相手のことをよくほめます。男同士でも、相手が身につけているネクタイやコートをほめますし、お店のレジに並んでいても、店員さんがお客さんのイヤリングをほめたりします。日本語ではキザでわざとらしいほめ方で英語はちょうどいいくらいです。

家族もほめていいが、自慢しすぎない

英語では自分の家族のこともよくほめます。ただ、自慢しすぎるのはやはり良くありません。自慢が良くないことは日本語も英語も同じなので気をつけましょう。

また、英語では自分や家族のことをほめられても変に**謙遜はしません**。まったく謙遜をしないわけではありませんが、ほめられて「いえいえ」という意味で No. No. ばかり言うのは英語では不自然です。

OK はほめ言葉ではない

それからOKについて。You are OK. は決してほめ言葉ではありません。日本語で「オーケー」と言うと、「良い」というイメージがありますが、英語でOKは「まあまあ」、「良くも悪くもない」という意味です。OKと言われて喜ばないようにしましょう。

ほめるときの定番表現

CD 13

いろいろな表現を覚えて、相手のことをほめる練習をしましょう。

You look beautiful!

とてもすてきだよ！

Excellent! / Superb!

すばらしいね！

I like your earrings! They look so cute!

そのイヤリングすてきですね！すごくかわいい！

My wife is a good cook.

家内は料理が上手いんですよ。

Hey, that's a nice tie you're wearing.

いいネクタイしてるね。

You know how to throw a party.

君はパーティーの開き方を知っているね。

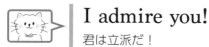

I admire you!

君は立派だ！

I'm proud of you!

本当に君は誇らしいね！

That jacket looks nice on you.
そのジャケット、すごく似合っているわよ。

Oh, thank you. My girlfriend gave this to me as a Christmas gift last year.
ありがとう。去年彼女からクリスマスプレゼントにもらったんだ。

頼む

英語でも、人にものを頼むときは丁寧にお願いするのが常識です。Please ～. やI would appreciate it if ～. など、ひと言つけ加えると相手も気持ちよく引き受けてくれるでしょう。

人に頼むときはぺこぺこしない

誰かに英語で何かを頼むときには、日本語の場合のように**ぺこぺこと頭を下げるようなことはしません**。頼みを聞いてもらえたときも、「お忙しいところ申し訳ございません」などの謝罪めいた表現を使わず、シンプルに「ありがとう」という感謝の表現を使ったほうがいいでしょう。

please の正しい使い方を知る

また、please を使って、「～しなさい」の代わりに「～してください」と丁寧にしたつもりで、英語で話すときに何度も please を使うと、少し押しつけがましく聞こえてしまうことがあります。

日本語では「～してください」を何度もくり返すことはありますが、英語では文ごとに please を使うことは稀です。あまり please を多用しすぎると相手が断りづらくなることもあります。Can you ～？（～してもらえませんか）などの疑問文を使ったほうが、相手に断る機会を与えることができるので、より丁寧とも言えます。

ビジネスレターでも「依頼」の意味で please という言葉はあまり使いません。決して please を使ってはいけないということではありませんが、何度もくり返さないのが英語での表現方法だと言えます。

注文など、ひと言で何かを頼む場合には、たとえば Coffee, please.（コーヒーをください）のように please をつけましょう。

Do you think
you can go through
this paper for me?

頼むときの定番表現

CD 14

Please を何度もくり返さずに、いろいろな表現を覚えましょう。

Will you give me a hand?

手を貸してもらえませんか。

I have a big favor to ask of you.

大切なお願いがあるのですが。

Would you please have him call me back?

電話をかけ直すように彼に伝えてもらえませんか。

＊〈have＋人＋動詞の原形〉で「～に…してもらう」の意味になります。

Can you check the train schedule for me?

電車の時間を調べてもらえませんか。

Do you think you can go through this paper for me?

この書類に目を通していただけませんか。

I would appreciate it if you could call her for me.

彼女に電話してもらえるとうれしいのですが。

I wonder if you have time to see me tonight.

今夜お会いできませんか。

What are you doing?

何をしているんですか。

I'm cleaning the room. Do you want to help me?

部屋を掃除しているんです。手伝ってもらえませんか。

＊ Do you want to help me? は、アメリカ英語での依頼の表現。「私を手伝いたいですか」という意味ではないので注意。

Your assistance would be greatly appreciated.

ご支援をよろしくお願いいたします。

Thank you for your understanding and cooperation.

ご理解とご協力のほど、よろしくお願いいたします。

誘う

人を誘うときの表現としては、Let's ～.（～しましょう）、Shall we ～？（～しましょうか）、Would you like to ～？（～しませんか）、Do you have time for ～（～のお時間はありますか）など、ある程度決まった表現を使います。

前置きなしにストレートに誘う

人を誘う場合、日本語では無理に誘っている感じを出さないために、「もしご都合がよろしければ～」とか「スケジュールにご無理がなければ～」など、前置きをすることが多いですね。相手が誘いを断らなければならない事情を想定した優しい心配りと言えます。

その点、英語はけっこう**ストレートに誘います**。「あなたを誘いたい」という強い気持ちが表せるからです。逆に、英語で前置きをすると、何となく消極的に聞こえてしまうのです。

誘いを受けるときのマナー

誘いを受けるときは、**Thank you**.（どうも）や **I'd love to**.（喜んで）など感謝や喜びの気持ちを表現することが大切です。日本語で表現するよりも少し大げさに感情を表す程度でちょうどいいです。言葉だけでなく表情にも気を配りましょう。

また、パーティーへの誘いならば、誘いを受ける際にどのようなパーティーなのかを忘れずに聞きましょう。たとえば、pot luck（持ちよりパーティー）であれば、招待を受けた人はそれぞれ食べ物か飲み物を持っていくのがマナーです。What should I bring?（何を持って行ったらいいですか）と聞いてみましょう。何も必要なければ、Just bring yourself.（あなただけを持って来て［何も持ってこなくていいよ］）と言ってくれるでしょう。

How about eating out tonight?
Sounds good !

誘うときの定番表現

CD 15

決まった表現を覚えて、ストレートに誘う練習をしましょう。

How about eating out tonight?
今夜は外食にしない？

Sounds good!
いいね！

Do you have time for coffee?
お茶をする時間はある？

Sure. Let's go to Balboa Café.
もちろん。バルボア・カフェに行こうよ。

Let's talk about it over lunch.
お昼ごはんを食べながら話しましょう。

That's a good idea.
いい考えですね。

Would you like to join me for dinner?
晩ごはんをご一緒にいかがですか。

That would be great! I'd love to.
いいですね！喜んで。

We should get together one of these days.

そのうちに会いましょうよ。

＊ get together（集まる、会う） one of these days（そのうちに）

Definitely. Give me a call anytime.

もちろんです。いつでも電話ください。

We'd be happy to have you over.

来ていただけたらうれしいのですが。

Thank you for thinking of me. I'll be there.

私のことを考えていてくれてありがとうございます。必ず行きます。

UNIT 16 断る

秘訣⑯

英語には、やんわりとした断り方もありますが、曖昧に断ることはしません！はっきり伝えることが大切です。

英語では曖昧に断らない

日本語では、「来週カラオケ行かない？」と誘われても、話し相手を傷つけまいとして「考えておきます」などと答えて、はっきり断らない場合がよくあります。本当に考えてくれているのか、それともあからさまに断りづらいので、とりあえず「考えておきます」と言ったのか、きわめて曖昧です。聞く側がどちらかを判断しないといけません。

ところが、英語の場合、断るときに、I'll think about it.（考えておきます）と言ってしまうと、文字通りに取られて、OK, tell me by tomorrow then.（じゃあ、明日までに返事をくださいね）と言われる場合もありますし、曖昧に断ったつもりで1、2週間放っておくと、「考えておく」と言っておきながら返事をくれない不誠実な人だと思われたりもします。つまり、日本語は「聞き手に判断責任」があり、英語は「話し手に発言責任」があると言えます。英語で断るときには、I'm sorry, but I'm not interested.（すみませんが、興味ありません）や Sorry, but I can't.（悪いけど、できないんだ）のように、相手にすまない気持ちを表しながらも、**自分の意志をはっきりと伝えます**。英語では、**はっきりと思いを伝えることが誠実**とみなされるのです。

「難しい」では断ったことにならない

また、日本語では「できますか？」と聞かれて、できそうにないときに「難しいです」と答えることがありますが、そのつもりで That's difficult. と言ってしまうと、「難しいけれどもできます」という意味に取られてしまいます。**できないときにははっきりと断る**のが英語流です。つぎのページの断り方の良い例は、どれも仮定法や否定語が入っていて、断っていることがはっきりと相手に伝わる言い方です。

断るときの定番表現

CD 16

※音声は良い例のみを収録しています。

自分の意志をはっきりと伝えて断る練習をしましょう。

悪い例：✕　良い例：○

Would you like to go to the movies tonight?

今夜映画に行きませんか。

✕ Umm ... I don't know. I'll think about it.

ああ、わかりません。考えておきます。

○ I'm sorry, but I can't. I'm really busy.

すみません、行けないんですよ。本当に忙しくて。

Would you like something to drink?

何かお飲みになりますか。

✕ Umm ...

ん〜

＊遠慮して沈黙。

○ No, thank you. I'm fine.

いいえ、けっこうです。私は大丈夫です。

＊「ください」と言っておいて、出された飲み物に手をつけないのは失礼です。要らないのであれば、はじめから断ったほうがいいでしょう。

We'll have an end of the year party this weekend. Can you come?

今週末、忘年会があるのですが来られますか。

✕ **Maybe.**

たぶん。

＊断りづらいので、とりあえずのつもりで言う。

○ **Oh, I wish I could.**

本当は行ければいいのですが［残念ながら行けません］。

○ **I'd love to come, but I have a previous engagement.**

行きたいのは山々なんですが、先約があって。

＊ engagement（約束）

Do you think you can do it?

できると思いますか。

✕ **That's difficult.**

ちょっと難しいですね。

＊英語では「難しいけれどもできる、やってみる」という意味になるので、断っていないことになってしまいます。

○ **Sorry. That's not possible.**

すみませんが、できません。

苦情を言う

話し相手に苦情を言う場合、面と向かってアグレッシブ（aggressive = 攻撃的）に言うのはよくありません。あくまでもアサーティブ（assertive = 主張型）に冷静に言いましょう。

はっきり主張、ただし攻撃的にならないように！

苦情は本来言いづらいもので、それが英語になるとなおさらですね。「英語だから余計に話がこじれそう」、「面倒くさいし、ここでもめたくない」、「旅行中だし、まあいいや」となりがちです。しかし、なるがままの泣き寝入りはやっぱり納得いきません。英語では、**はっきり苦情を言うことは別に失礼なことではありません**。

その苦情が話し相手に対するものなのか、それとも第三者に関するものなのかで、言い方が少し変わってきます。話し相手と関係のないことについては多少きつい言い方が許されても、話し相手に面と向かって、This is ridiculous!（これはばかげているよ！）などと強い口調で言ってしまうと、いくら「主張する言語」である英語でも、反感を買ってしまいます。

アメリカでは返品はOKである

ホテルやデパートなどで、サービスや購入した品物について苦情を言う機会はよくあるものです。アメリカのデパートやスーパーでは、セール品を除いては、返品や交換に関してかなり柔軟です。I don't like the color.（色が気に入りません）のような主観的な理由でも、たいていの場合、未使用なら返品は受けつけてもらえます。お店に戻って、遠慮せずに言ってみましょう。

I think you gave me the wrong change.

苦情を言うときの定番表現

CD 17

英語でははっきり苦情を言うことは失礼なことではありません。攻撃的にならないように、冷静に主張する練習をしましょう。

I can't stand it anymore!
もう我慢できない！

I'm sick and tired of the noise.
騒音にはもううんざりだ。

I'm sorry, but may I speak to the manager?
すみませんが、店長さんと話をさせてもらえませんか。

Excuse me. This is not what I ordered.
すみません。これは注文したものと違うのですが。

I ordered my pizza about thirty minutes ago, but it hasn't come yet.
ピザを30分くらい前に頼んだのですが、まだ来ないんです。

I think I was overcharged. Could you please check it again?
請求が多すぎるのではないかと思うのですが。もう一度確認していただけませんか。

＊海外のホテルでは、チェックアウトの際にときどき身に覚えのないものが請求されていることがあります。たとえば、飲んでいない部屋の冷蔵庫の飲み物や、使っていない金庫（safe）の使用料など。よく確認をして、違うものははっきりと主張しましょう。

I think you gave me the wrong change.
おつりが違っているようですが。

I bought this shirt yesterday, but it's got some stains on it. Can I exchange it for another one?
昨日このシャツを買ったのですが、シミがついているんです。
別のものと交換してもらえませんか。

Can I have a refund on this?
返金してもらえませんか。

UNIT 18

注文する

秘訣⑱

レストランは食べることを楽しむ場所です。注文するときの決まった表現をいくつか押さえておけば大丈夫です。むしろマナーに気をつけましょう。

注文は決まった表現で事足りる、マナーがより大切

海外旅行で避けることができないのが「食べる」ことです。デパートや美容院には何とか行かなくても済むかもしれませんが、レストランやファストフード店など、「食」に関しては欠かすことはできません。

そこで、一番億劫になることが、英語での注文ではないでしょうか。他にも、「メニューが読めるかな？」、「これってどんな食べ物なんだろう？」、「マナーの違いは？」など、レストランに入るだけでストレスが

たまりそうですね。でも大丈夫。**注文は決まった表現を覚えていれば何とかなります**。どちらかと言うと、マナーの違いのほうが厄介です。たとえば、日本では遠くにいるウエイターを大声で「すみませ〜ん！」と呼びますが、英語圏ではこれはご法度です。みんなが静かに食べている場所で**大声を出すのは品がない**し、**周りにいるお客さんに迷惑**という考え方です。

注文をするタイミングとルール

ウエイターと目が合ったときに**手を振って合図**をしたり、ウエイターが**近くを通り過ぎたときに話しかけたりする**のが一般的です。お店の人も、お客さんが来店したり、食事を済ませて店を出たりする際に、「いらっしゃいませ！」「ありがとうございました！」と大声で言うことはありません。

また、お客さんがメニューを閉じないと、ウエイターは注文を取りに来ません。「いつまでたってもウエイターが来ないなあ」と思ったときには、メニューを閉じているかどうかを確認してください。

注文するときは、メニューだけを見ずにウエイターとの**アイコンタクト**も忘れないようにしましょう。

注文するときの定番表現

CD 18

そのまま使える定番表現ばかりなので、覚えるまでくり返し練習しましょう。

Waiter: Are you ready to order?

ウエイター：ご注文はお決まりですか。

Customer: Yes. I'd like to have the barbequed ribs.

客：はい。バーベキューリブをお願いします。

Waiter: What would you like to drink, ma'am?

ウエイター：お飲み物は何にいたしましょうか。

Customer: Can I have a glass of wine?

客：グラスワインをいただけませんか。

Waiter: How would you like your steak?

ウエイター：お肉の焼き加減はいかがなさいますか。

Customer: Medium, please.

客：ミディアムでお願いします。

May I see the dessert menu, please?
デザートのメニューを見せてもらえませんか。

I'll have a club sandwich.
クラブサンドをお願いします。

What do you recommend?
何がおすすめですか。

Excuse me. May I have some more water, please?
すみません。お水をもう少しいただけませんか。

Waitress: **Would you like some more coffee?**
ウエイトレス：コーヒーのおかわりはいかがですか。

Customer: **No. We are fine. Could we have the check, please?**
客：いいえ、結構です。お勘定をお願いします。
＊お勘定は日本のようにレジで支払うのではなく、食後に勘定書（check）をウエイターやウエイトレスに持って来てもらい、テーブルで支払うのがマナーです。

UNIT 19

許可を求める

秘訣 19

許可を求める一番簡単な表現はIs that OK?(いいですか) です。「～してもいいですか」と聞く場合はCan I ～? を使います。もっと丁寧に言いたければ、May I ～? や Could I ～? を使うといいでしょう。

控えめな響きの表現を使う

相手に許可を求める場合は、英語でも日本語と同様に、やはり**丁寧に言うことが原則**です。単に言葉の丁寧さだけではなく、**話すトーン**も**表情**も重要です。率直な表現が多い英語にも控えめな響きを持つ言い方があります。Is that OK?(いいですか) やCan I ～?(～してもいいですか) は定番表現です。

言いたい文のはじめに表現をつけ足す

また、文のはじめに表現をつけ足す方法もあります。たとえば、mind（～することを気にする）を使ってDo you mind if ～？をつけ足せば、「もし私が～したら気になさいますか」となり、結局「～してもよろしいでしょうか」と間接的に言っていることになります。

他にも、Would it be all right if ～？（もし私が～してもよろしいですか）、Do you think I can ～？（私が～できると思いますか）、I wonder if ～.（～できるかなと思っているのですが）、Is it possible to ～？（～することは可能でしょうか）などのバリエーションがあります。

Do you think
I can take leave tomorrow?

許可を求めるときの定番表現

CD 19

覚えておくと便利な表現ばかりです。いろいろな使い方を試してみましょう。

Is that OK with you?

あなたはそれでいいですか。

Can I turn on the air conditioning?

エアコンをつけてもいいですか。

May I leave now?

もう帰ってもよろしいでしょうか。

Could I use the bathroom?

お手洗いをお借りできますか。

Do you mind if I go with you?

一緒に行ってもよろしいでしょうか。

Would it be all right if I canceled my appointment?

予約をキャンセルしてもよろしいでしょうか。

Do you think I can take leave tomorrow?

明日お休みをいただけませんか。

I wonder if it's OK to do it another day.

別の日にしてもよろしいでしょうか。

I need your permission.
あなたの許可が必要です。

Is it possible to speak with you in private?
内密にお話をしたいのですが。

同意する

相手への同意は、日本語の場合「そうですね」という言葉が頻繁に使われます。英語でもそれに対応する That's right. や That's correct. という言い方があります。しかし、英語では同意を表すのにもっといろいろな表現を使い、会話を豊かにしています。

「はい」は「Yes」とは限らない

日本語では相手がひと言何かを言うたびに、「はい、はい」を連発することが多いですが、この「はい」は必ずしも相手が言っていることに「同意します」という意味ではなく、「はい。ちゃんと聞いてますよ」という意味で用いられることもよくあります。

Yes は同意とみなされる

ところが英語では、相手のコメントのあとで Yes. を何度もくり返して使うと奇異な感じに聞こえてしまいます。また、Yes. は「その通りです」という意味なので、連続して使うと、**すべて同意したと誤解されてしまう**こともあるので注意が必要です。

会話をスムーズに進めるためにも、同意を表す表現をいくつか自分のものにしておきましょう。

同意するときの定番表現

CD 20

同意を表す表現はたくさんあります。スラスラ出てくるようになるまでくり返し練習しましょう。

I think so, too.
私も同感です。

I guess you're right.
その通りだと思いますよ。

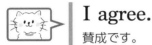

I agree.
賛成です。

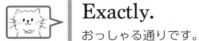

Exactly.
おっしゃる通りです。

That's fine with me.
私はそれでいいですよ。

Sounds like a good idea!
それはいい考えですね！

You've got a deal!
それで決まり！

I'll go along with that.
それに賛同するわ。

I don't blame you.
それは無理もないですね。

You have a point there.
それは一理ありますね。

UNIT 21

反対する

「同じであること」に美徳を感じる日本とは違い、アメリカでは、意見は違っていてあたりまえという考え方です。いつも一致するのでは退屈。質問がないのは失礼。人がそれぞれ意見を持っていてそれを表明することに意義があるとする「主張の文化」です。

意見は違っていてあたりまえ

日本では、授業や会議で意見の相違がないほうが気分がいいですね。反論もなく全員の意見が一致して進む。日本文化は「和＝ハーモニー」がモットーですから「同じであること」に美徳を感じます。一方アメリカは**意見は違っていてあたりまえ**という考え方です。「違っているのが当然」という考え方の背景には、さまざまな異なる人種が混在するという社会の事情が見え隠れします。

議論をして、相手への尊敬も生まれる

日本人の中には反論を自分への攻撃として感情的に受け取る人も多いと思います。しかし、アメリカでは、たとえば大学の教室で学生同士がよく意見を戦わせます。あとで喧嘩になるんじゃないかと思うくらい応酬し合いますが、授業のあとは和気あいあいとしているのです。

意見がぶつかっても、「自分の考えとは異なるが、相手はしっかりした意見を持っている」と、**お互いを尊敬の目で見る**のです。英語ではaggressive（攻撃的）な反論ではなく、あくまでもassertive（主張型）に、**意見の相違を表現することが大切**です。

CD 21

反対するときの定番表現

攻撃的にならないように、冷静に話すことが大切です。

I don't think that's a good idea.
それはいいアイデアだとは思えないんですが。

Well, that's not true.
あのう、それは違います。

I have nothing to do with this.
私はこのことには何の関係もありません。

That's not what I'm talking about.
私が申し上げているのはそういうことではありません。

Don't get me wrong.
どうぞ誤解しないでください。

No way! / Can't be! / That's impossible!
ありえません！

I'm against that.
私はそれには反対です。

It doesn't make any difference.
そんなことをしても同じことですよ。

I hate to say it, but I think you misunderstood.

申し上げにくいのですが、誤解なさっていると思います。

You may be right, but I have a different opinion.

おっしゃる通りかもしれませんが、私は別の意見を持っています。

UNIT 22

沈黙を埋める

秘訣㉒

話を続けるというのはなかなか難しいものです。そこで、有効な方法の１つが、「質問を絶えず投げかける」ことです。相手に質問をされ、答えに詰まってしまうのではなく、こちらから質問をして沈黙を埋めていきましょう。

英語圏の人は沈黙に耐えられない

初対面のときには、共通した話題も見つからずに沈黙しがちです。そんなとき**英語圏の人は日本人よりも沈黙の時間を嫌う傾向**があります。我慢できる沈黙の時間の長さは、英語圏の人たちのほうが日本人より短いと言われています。私たちも、会話と会話の切れ間に長い沈黙があると、「何か言葉を発さなくては」と、はらはらする気持ちになってしまうときがありますが、英語圏の人は、２、３秒でも沈黙が続くと落ちつかないのです。ですから、会話が途切れて不自然な間が生じないように、できるだけ話を続けようとします。

見知らぬ人とも会話する

「アメリカ人は沈黙を恐れる」と言われますが、エレベーターの中でも、お互い知らない者同士でよく話をしています。治安の面から考えると、エレベーターは密室なので危険な状況であるという見方もできます。自分が攻撃などしないということを相手に示すためにも、微笑みかけ、話しかけて、沈黙を取り去ろうとするのです。

特に深い意味はなくても、軽い質問やコメント、たとえば天気のことや最近の出来事など、話題の提供ができるようにしておくといいでしょう。

沈黙を埋めるときの定番表現

CD 22

いくつか質問をできるようにしておくと、いざというとき便利です。

So, how was your vacation?
ところで、休暇はいかがでしたか。

You know what?
あのですねえ。

It's a nice day, isn't it?
いいお天気ですね。

It's been cold lately.
最近寒いですね。

So, how's business?
ところで、お仕事はどうですか。

Have you made any plans for this afternoon?
午後の計画はもう立てられましたか。

Is this your first visit to Japan?
日本ははじめてですか。

What is the weather like in your country?
あなたの国の天気はどんな感じですか。

Did you watch the World Cup on TV last night?

昨日の夜、テレビでワールドカップを見ました？

Have you ever been to a kabuki theater?

歌舞伎を見に行ったことがありますか。

Guess what! I ran into Kathy yesterday.

あのね！実は昨日偶然キャシーに会ったわ。

UNIT 23

お悔やみ

「お悔やみ」の一般的な表現としては、たとえば、Please accept my condolences.（心からお悔やみ申し上げます）や、I'm so sorry to hear about your brother's passing away.（お兄様がお亡くなりになりましたこと、お気の毒に思います）などがあります。

相手を思いやる気持ちを伝える

お悔やみの言葉は、「何と申し上げて良いのか…」と言うように、なかなか伝えにくいものです。直接的な表現を使っていいのか、本当に言葉で慰めになるものなのか、悩んでしまうことがあります。

お悔やみの表現もいくつかありますので、状況にあった表現を使えるようになりましょう。

クリスマスカードは OK だが、言葉に注意

日本では、家族に不幸があった年には、年賀状のやり取りを控えますが、アメリカでは、クリスマスカードのやり取りをするのは問題ありません。ただし、お決まり表現である **Merry Christmas!** とか **Happy holidays!** は merry や happy に「楽しい」というイメージがあるので、**できるだけ避けたほうがいい**でしょう。たとえば、I hope you have peaceful and restful holidays.（穏やかで安らぎのある休日をお過ごしください）と言えば、相手に対する思いやりが伝わります。

How are you? は避ける

また、家族に不幸があって間もない友人や同僚に、How are you? とあいさつするのは控えたほうがいいですね。その人の気持ちは決して Fine. や Great. ではないので、相手は答えようがありません。さりげなく仕事などの話をしたほうがいいでしょう。お決まり表現の見えない落とし穴です。

お悔やみの定番表現

CD 23

まずは一般的な表現を覚えて、相手を思いやる気持ちを表現しましょう。

Please accept my condolences.

I wish to extend my sympathies to you.

My condolences to you and your family.

心からお悔やみ申し上げます。

＊ condolences（お悔やみ）sympathies（[悲しみに対する] 思いやり）

I'm so sorry to hear about your brother's passing away.

お兄様がお亡くなりになりましたこと、お気の毒に思います。

＊ pass away は die より婉曲的な言葉です。

I know how you feel.

お気持ちをお察しいたします。

I hope you have peaceful and restful holidays.

穏やかで安らぎのある休日をお過ごしください。

I hope that you will find peace and strength in the coming days.

これからも心に安らぎと勇気を持ってお過ごしください。

I have to attend my relative's wake.

亡くなった親戚のお通夜に行かなければなりません。

＊ wake（通夜）

The funeral will be held at one o'clock.

お葬式は１時からです。

＊ funeral（葬式）

A friend of mine passed away yesterday.

友人が昨日亡くなりました。

My mother's remains are kept in the temple.

母の遺骨はお寺に安置されています。

＊遺骨は bones ではなく remains を使います。

UNIT 24

丁寧表現を使う

丁寧表現 1 would like to ～と want to ～

「～したい」という希望を相手に伝える場合、want to ～の代わりに would like to ～を使うと、より丁寧に表現することができます。文末に please をつけるとさらに丁寧に聞こえます。特に初対面の人との会話や、かしこまった状況や公的な場所でのやり取りにはとても便利な表現です。

表現のニュアンスの違いを知ってこそ使いこなせる！

日本語には「ですます調」があるので、英語でもとにかく丁寧に言っておけば無難だと考えがちです。ですが、実は英語では「丁寧すぎ」はその場にそぐわない場合もあり、**表現の使い分け**も必要になってきます。

もちろん、飛行機の中で客室乗務員から、What would you like to drink?（何をお飲みになりますか）と聞かれたときなどには、want to ～よりも丁寧な would like to ～を使います。

しかし、場合によってはwould like to ～は消極的に聞こえ、want to ～を使ったほうが積極的に聞こえてその場にふさわしいこともあります。たとえば、夕食に誘われて「パスタを食べたい」と言う場合に、I would like to eat pasta. と言うと「何となくパスタを食べたい」と聞こえなくもありません。それよりもI want to eat pasta. と言ったほうが、「(あなたと一緒に楽しく) パスタを食べたい」のように積極的に聞こえ、誘ってくれた人は笑顔で喜んでくれるでしょう。

丁寧表現1

would like to ～ を使う

I'd like to open a savings account, please.

普通預金口座を開きたいのですが。

I'd like to make a dinner reservation for this Saturday night.

今週の土曜日の夜に夕食の予約を取りたいのですが。

want to ～ を使う

I want to eat pasta!

パスタが食べたいです！

I just don't want to go!

私は本当に行きたくないんです！

丁寧表現2 please

会話文にpleaseをひと言つけ足すだけで、相手にあなたの心遣いや丁寧さが伝わります。ただし、言い方によっては強い命令口調になりますので注意しましょう。

Pleaseで心遣いや丁寧さを伝える

Please make sure that your cell phone is switched off.（携帯電話の電源が切ってあるかどうかを確認してください）やThis way, please.（こちらへどうぞ）のように、pleaseは文の最初や最後につけ加えることが多いのですが、Would you please give me some advice?（ご助言をいただけませんでしょうか）のように文の途中に入れることも可能です。

ただし、pleaseをつけていくら言葉を丁寧にしても、**言い方が強ければ強要しているように聞こえてしまう**ので、口調をやわらげて言いましょう。

また、pleaseは独立して使われる場合もあります。たとえば、Yes, please.と言えば「はい、お願いします」、Oh, please!と強い口調で言えば「いい加減にしてよ！」という意味になります。

Please ＝「～してください」とは限らない

日本語で「～してください」と丁寧に言うときでも、英語では please をつけないという場合もあります。たとえば、「いい１日を過ごしてください」と言うときは Have a nice day.、「滞在を楽しんでください」と言うときは Enjoy your stay. と、please をつけないのが普通です。

飛行機内の注意書きなども、日本語では「着席中はシートベルトをお締めください」と書いてありますが、英語では FASTEN SEAT BELT WHILE SEATED. と PLEASE はついていません。

第２章の「頼む」のところでも取り上げましたが、please は一連の文章の中であまり**くり返し使わない**ようにしましょう。please の反復は、かえって「そうしてくれないと困るんです」と相手にプレッシャーをかけるように聞こえてしまうことがあるからです。

丁寧表現 2

CD 25

※音声は良い例のみを収録しています。

please をつける

Please let me know when you need any help.

手助けが必要なときはいつでもお知らせください。

I'd like to send this package to Japan by sea, please.

この小包を日本まで船便でお願いします。

Will you please pass the salt?

お塩を取っていただけませんか。

Would you like another cup of coffee?

コーヒーのおかわりはいかがですか。

Yes, please.

はい、お願いします。

please をつけない

Have a nice day.

すてきな1日をお過ごしください。

Enjoy your stay.

滞在を楽しんでください。

△ Please make two copies of each. Also, please file them in the cabinet. And please do that before three o'clock.

○ Could you make two copies of each and file them in the cabinet before three o'clock?

コピーを２部ずつとっておいてください。それから、それをファイルしておいてください。３時までにやっておいてください。

丁寧表現 3 should と had better

had better ('d better) はどちらかというと相手に「忠告」や「命令」をするときに使います。もう少し丁寧に言いたいときは should を使うといいでしょう。日本語訳は「〜するべきだ」となっていますから、日本語から考えるときつく聞こえますが、実際は had better ('d better) よりもずっと柔らかな言い方です。

had better は「忠告」「命令」で、きつい言い方

辞書にはよく、had better は「〜したほうが良い」で should は「〜するべきだ」という日本語訳がついています。この日本語訳で考えると had better のほうが should よりも柔らかい感じがします。しかし、実は **had better** には日本語で言う「〜したほうがいいですよ」と**軽く助言する以上に強い意味**があります。

had better ('d better) は上司が部下に、医者が患者に、先生が生徒に、親が子どもに使います。たとえば、You'd better start writing your paper soon. と言うと、「そろそろレポートを書き始めなさい（そうしないととんでもないことになるぞ)」のように、先生が生徒に対して言うかなり強い「**忠告**」のように聞こえます。特に better を強く発

音すると「脅迫」のように聞こえるときもあるのです。

また、「～したほうがいいよ」と優しく言うつもりで、You'd better exercise more. と言ってしまうと、「もっと運動したほうがいいですよ（あなたは太りすぎていて、健康にも悪いですから）」のように少しきつく、または嫌みっぽく聞こえることもあるので十分に注意が必要です。

should は had better よりもずっと柔らか

You'd better read that book. と言うと「その本を読みなさい」と「命令」のように聞えますが、もう少し柔らかく言いたいときは、should を使って You should read that book. と言えば「その本はためにもなるし、読んでみてはどうでしょうか」という響きになります。ですから should は had better ('d better) と違い、たとえば部下が上司に使うことも可能です。

丁寧表現３

CD 26

※音声は良い例のみを収録しています。

should を使う

△ You'd better exercise more.

もっと運動しないとダメじゃない。

○ You should exercise more.

もっと運動したほうがいいと思いますよ。

△ You'd better invite him to the party.

彼をパーティーに招待しなかったら、あとで大変なことになるよ。

○ You should invite him to the party.

彼をパーティーに招待すれば？

I will be more careful next time.

今度から気をつけます。

△ You'd better!

それが身のためよ！

○ You should.

そうね。

had better を使う

医者が患者に

You'd better stop smoking.

[病気がひどくなる前に] たばこはやめなさい。

親が子どもに

You'd better finish your homework first.

まず宿題を終わらせなさい。[でないとどこにも連れて行かないよ。]

教授が学生に

You'd better go to see your adviser now.

[手遅れになる前に] 今すぐアドバイザーに会いに行きなさい。

丁寧表現 4 Would you mind ～？

Would you mind ～？（～していただけませんでしょうか）は人に何かを頼むときに使うとても丁寧な表現です。たとえば、Would you mind helping me? とすれば「手伝っていただけませんでしょうか」という意味になります。

Would you mind ～？はとても丁寧な表現

Would you mind ～？の **mind の後ろは～ ing 形が続きます**。mind はそもそも「～することを気にする」という意味で、「手伝うことを気にしますか」と言っているので、間接的な丁寧表現だと言えます。

手伝ってあげられるときは「いいえ、手伝うことは気にしませんよ」と言わなければならないので、たとえば No, not at all.（いいえ、全然）とか Of course not.（もちろん気にしませんよ）と答えましょう。うっかり Yes. と言ってしまうと「気にするから手伝ってあげない」という意味になってしまいます！ また、Would you mind if I used your PC for a minute? とすれば「あなたのパソコンをちょっと使ってもいいですか」と許可を求める表現になります。

丁寧表現 4

Would you mind holding this box for me?

この箱を持っていていただけませんか。

No, not at all.

もちろんです。

Would you mind moving a little bit so I can watch TV?

テレビが見えるように少し動いてもらえませんか。

Certainly not. I didn't realize that I was blocking your view.

もちろんです。私が視界をさえぎっているとは気づきませんでした。

Would you mind if I used your PC for a minute?

あなたのパソコンをちょっと使ってもいいですか。

＊ if の後ろの動詞は基本的には過去形ですが、略式で現在形を使う場合もあります。

No, I don't mind it at all. Help yourself.

どうぞ、どうぞ。ご自由にお使いください。

丁寧表現5 Shall I ～？

パーティーの席などでShall I get you something to drink? と言えば、「何かお飲み物を取ってまいりましょうか」という意味になり、相手に対して気遣いを示すことができます。

Shall I ～？は相手の意向を尋ねるときに使う表現

Shall I ～？は「～しましょうか」と**相手の意向を尋ねるときに使う丁寧な表現**です。それに対して「はい、お願いします」と言いたければYes, please.、「いいえ、結構です」と言いたければNo, thank you. と言うだけでOKです。遠慮したり考えすぎたりしてモジモジせずに、言葉にしてすぐに返しましょう。

また、仲のいい友だちに「カーテンを開けようか」と言いたいときに、Shall I open the curtain for you? と言うと、丁寧すぎて、どこかよそよそしく聞こえてしまうときもあります。友だちにはShall I ～？の代わりに、Do you want me to ～？を使って、Do you want me to open the curtain for you? と言ったほうが自然です。

丁寧表現 5

Shall I call them and find out about it?
電話して聞いてみましょうか。

Yes, please.
はい、お願いします。

Shall I get you something to drink?
何かお飲み物を取ってまいりましょうか。

No, thank you.
いいえ、結構です。

Do you want me to go with you?
一緒に行こうか。

I'd appreciate it if you would.
そうしてもらえるとうれしいわ。

Do you want me to drive you home?
家まで車で送ろうか。

No, thank you. Don't worry about me.
大丈夫よ。私のことは気にしないで。

第2章 EXERCISES

❶ 日本語を参考にして、(　　　) に適語を入れましょう。
チャレンジ は応用問題です。

1. スケジュールの変更につきましては、深くお詫び申し上げます。
I'd like to (　　　) for changing the schedule.

2. そのジャケット、すごく似合っているよ。
That jacket (　　　) (　　　) (　　　) you.

3. 手を貸してもらえませんか。
Will you (　　　) me a (　　　)?

4. 晩ごはんをご一緒にいかがですか。
Would you like to (　　　) (　　　) for dinner?

5. バーベキューリブをお願いします。
I'd (　　　) (　　　) (　　　) the barbequed ribs.

6. 一緒に行ってもよろしいでしょうか。
(　　　) (　　　) (　　　) if I go with you?

7. それはいい考えですね！
(　　　) (　　　) a good idea!

8. 申し上げにくいのですが、誤解なさっていると思います。
I (　　　) (　　　) say it, but I think you misunderstood.

9. (喪中の人へ) この新年にあなたのことを思っています。 チャレンジ
I'm (　　　) (　　　) you over the holiday seasons.

10. そんな気分ではありません。 チャレンジ

I'm not in the (　　　　　).

❷ つぎの日本語を、英語で言ってみましょう。
ヒントも参考にしてください。

1. （人に頼みごとをして、いろいろ面倒をかけてしまったとき）
どうもありがとうございました。

____

ヒント 手助けをしてもらったのですから help という言葉を使います。

2. もう我慢できない！

____

ヒント 「立つ」の意味の動詞を使います。

3. お勘定をお願いします。

____

ヒント 「お願いします」は注文するときと同じ表現です。

ANSWERS

❶

1. I'd like to (apologize) for changing the schedule.

✔「～のことを謝る」は apologize for ～で表現できます。for の後ろは名詞です。

2. That jacket (looks) (nice) (on) you.

✔「似合う」と言ってほめるときには look nice です。服はその人の身体の上にあるわけですから <on + 人 >です。

3. Will you (give) me a (hand)?

✔「手を貸す」は英語では「手を差し伸べる」という感覚です。hand は単数で使うので a をつけるのを忘れないように。

4. Would you like to (join) (me) for dinner?

✔ join は「加わる」とか「参加する」という意味です。「夕食のために私に加わる」というふうに考えます。

5. I'd (like) (to) (have) the barbequed ribs.

✔ 注文するときは丁寧に I'd like to ～. を使います。動詞は「食べる」という意味の have が便利です。Can I have ～？でもOKです。

6. (Do) (you) (mind) if I go with you?

✔ Do you mind if ～？は許可を求めるときの便利な表現です。「もし私があなたと一緒に行ったら気にしますか」ということです。気にしなければ Not at all. と言いましょう。

7. (Sounds) (like) a good idea!

✔ Sounds の前に主語の It が省かれています。「(あなたが今言ったことは) いい考えのように聞こえる」ということです。「～のように見える」は Looks like ～です。

8. I (hate) (to) say it, but I think you misunderstood.

✔ 言いにくいことを言う前に使う便利な表現です。hate は「～が嫌い」という意味ですから、「それは言いたくないが…」と言っているわけです。

9. I'm (thinking) (of) you over the holiday seasons.

✔ 身内に不幸があった友人や知人に、クリスマスや新年にカードに書いたり、言ってあげたりする表現です。悲しんでいる人には優しい言葉をかけてあげましょう。

10. I'm not in the (mood).

✔「気が乗らない」と断るときには「私はそんなムードの中にはいません」と発想します。「ムード」という容器の中に自分はいないという一種の比喩表現です。I don't feel like it. とも言います。

❷

1. Thank you for your help.

✔ Thank you very much. でももちろんいいのですが、英語では日本語ではあまり言わない「手助けをどうもありがとうございました」と表現します。

2. I can't stand it anymore!

✔ stand は目的語がない自動詞であれば「立つ」、目的語がある他動詞であれば「～を我慢する」という意味になります。「待ち遠しい」という意味での「我慢できない」は I can't wait! と言います。

3. Can (Could) we (I) have the check, please?

✔ check と言うと「小切手」をイメージする人も多いかもしれませんが、「お勘定の伝票」も英語では check です。「check をください」と言うときには、注文するときと同じ Can (Could) we (I) have ～？を使います。

異文化みちくさ講座❸

「お先にどうぞ」は常識です

英語圏の文化では、「自分よりまず相手が先」が礼儀です。

たとえば、飛行機が着陸し、乗客が外に出ようと機内の通路に立って、前方に歩き出します。アメリカ人の乗客が多いアメリカの航空会社と日本人の乗客が多い日本の航空会社では決定的なマナーの違いが見て取れます。

それは、通路の後方から前に歩いてきている日本の乗客たちは、中ほどの座席の乗客が立ち上がって通路に出ようとしても、なかなか列に入れてあげないということです。少し無理して「割り込み」をしないと、つぎからつぎへと人が流れてきます。

ところがアメリカの国内線では、「お先にどうぞ」があたりまえ。譲り合いのマナーができ上がっています。譲るときには、ひと言 Go ahead.、譲ってもらえば、目を合わせて Thank you. と笑顔で返す。簡単なことですよね。しかし、こうした文化に根ざした「行動」をとることは難しいものです。「技術」としての英語ができるようになっても、なかなかコミュニケーションが上手くいかない理由の１つがここにあります。

アメリカではアイコンタクトをして、お互いの表情を見ながら譲り合うのが常識となっています。「われ先に」のせっかちな様子はあまり見られません。「お先にどうぞ」「ありがとう」の you first の文化が根づいているのです。言葉そのものも you and me という言い方であり、me and you ではありません。

歩行者が通りを渡ろうとしていると、車は必ずと言っていいほど止まってくれます。車線を変えようと方向指示器を点滅させれば、隣の車線の斜め後ろの車はたいてい減速して車線変更をスムーズにさせてくれます。こうしたことが常識になっているアメリカは、本当の意味での車社会と言えるのかもしれません。

第3章

コミュニケーションの応用

英語圏の文化編

英会話が上達するには、表現を覚えるだけでは十分ではありません。

その表現が使われる文化的・社会的背景を知っておくことが大切です。

逆に言えば、英語圏の習慣・マナーを知っておくと、自信をもって英語を話すことができるようになります。

人間関係は対等

英語文化圏では、人間関係は基本的には対等です。それがお客さんと店員さんの関係であっても、まずは、お互いに Hello. というあいさつからはじまります。お客さんから先に Hello. と声をかけることも珍しくありません。

日本ではお客＝上、店員＝下だが…

以前、日本在住のアメリカ人の友人に、「コンビニで店員さんに『いらっしゃいませ。こんにちは』と言われたら、客としてどう答えたらいいのか」と質問されたことがあります。みなさんだったら何と教えてあげますか。

おそらく、日本語では何も言わなくても大丈夫ですね。いや、言わないほうが普通です。逆にお客さんが笑顔で「はい、こんにちは！」なんて元気よく言葉を返してしまうと、周りにいる他のお客さんたちが、みんな振り返ってその人を不思議そうに見るかもしれません。あの「いらっしゃいませ。こんにちは」は、まさに形式ですね。お客さんを背に、棚のおにぎりを整理しながら、誰に言っているでもなく、数秒おきに発せられる、いわば儀礼的発話です。

お客が何も言葉を返さなくてもいい理由の１つは、**日本文化の上下関係**でしょう。ブティックに入って、「いらっしゃいませ」と言われても、店員さんの目を見ることもなく、笑顔も言葉も返さなくていい。ただうつむきかげんに、並んだ商品を手に取りながら品定めする。それは**お客さんが「上」、店員さんが「下」**という**日本文化特有の人間関係の構図**があるからです。

人間関係は対等

CD 29

※音声は良い例のみを収録しています。

言葉はもちろん、アイコンタクトや笑顔を心がけて練習しましょう。

飛行機内での客室乗務員（CA）と乗客（P）の会話

CA: What would you like to drink, sir?

何をお飲みになりますか。

× **P:** Ah, Coffee.

ああ、コーヒーを。

○ **P:** Coffee, please.

コーヒーをお願いします。

○ **P:** Can I have a coffee, please?

コーヒーをいただけますか。

○ **P:** Coffee is fine. Do you have cream and sugar?

コーヒーでけっこうです。ミルクと砂糖はありますか。

＊「お飲み物はいかがですか」という客室乗務員の質問に対して、「ああ、コーヒーを」と答えるのは、「お客様が上」という上下関係の日本語ではOKです。しかし、英語では客室乗務員も乗客も基本的には対等な関係なのでpleaseや笑顔なしでは失礼です。

ウエイター（W）とお客（C）の会話

店に入って

C: Good morning.

おはようございます。

W: Good morning. How many?

おはようございます。何名様ですか。

C: Three of us, please.

３名です。

＊ウエイターがお客に対してはもちろんですが、お客のほうもウエイターに対してあいさつする必要があります。

注文する

W: Could I take your order?

ご注文はお決まりでしょうか。

C: Yes. Can I have the pepperoni pizza, please?

はい。ペパローニ・ピザをお願いします。

＊ウエイターに「ご注文はお決まりでしょうか」と聞かれて、日本語では「ペパローニ・ピザ」と注文品だけを言う場合が多いようですが、英語では I'd like to have ～ . とか Can I have ～ ? など「～をお願いします」にあたるような言葉を必ずつけ足しましょう。アイコンタクトや笑顔にも気を配りましょう。

UNIT 26

まず結論ありき！

秘訣 30

英語では結論を先に言わないと、相手をイライラさせたり、何を言いたいのかわからないという表情をされたりすることがよくあります。少しせっかちのように思えますが、まず yes か no をはっきり言ってから、詳しい説明をしていきましょう。

英語圏は「直線型思考」、東洋は「渦巻型思考」である

カプラン（Robert Kaplan）という言語学者が、アメリカを含む**英語圏**は「**直線型思考**」で、日本を含む**東洋**は「**渦巻型（ぐるぐる）思考**」であり、言語によって思考のプロセスが異なることを指摘しています。確かに日本語では、質問に答えるときには外側からぐるぐる回って説明し、言いたい核心の答えは最後に持っていきます。それに対して、**英語**は**ストレートに表現**します。まず言いたいことをはっきり言って、つけ

足しはあとからペタペタと貼りつけます。

言いたいことが先で、理由はあとからつけ足す

たとえば、日本語では「雨が降っているので、外出はしません」と言うところを、英語では普通 I'm not going out because it's raining.（外出はしません。雨が降っているから）となります。逆に言っても文法的に誤りではありませんが、英語では、まず外出しないという結論を言ったあとで、その理由をつけ足すのが普通です。

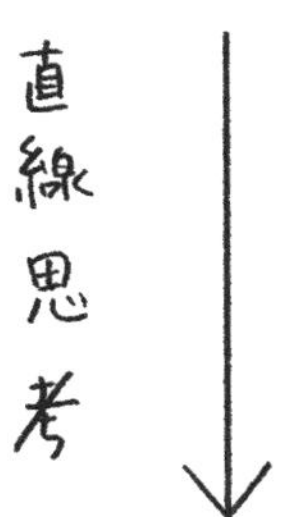

まず結論ありき！

CD 30

※音声は良い例のみを収録しています。

何を聞かれているのかを考え、結論を先に言う練習をしましょう。

I'm not going out because it's raining.

雨が降っているので、外出はしません。

Please give me the details when you have a chance.

機会があるときに、詳細を教えてください。

How soon can you fix this watch?

この時計はいつまでに修理できますか。

✕ **When did it break?**

いつ壊れたのですか。

○ **It'll probably be ready by next Monday.**

おそらく来週の月曜日にはできると思います。

＊ だいたい「いつできるか」を教えてあげましょう。

How long will it take?

どのくらい時間がかかりますか。

× **It won't take so long.**

そんなに長くはかかりません。

○ **It will probably take about 10 minutes.**

たぶん10分くらいでしょう。

＊1～2分なのか、10分程度なのかを教えてあげましょう。

Do you carry Christmas cards?

（お店で店員に）クリスマスカードは置いてありますか。

× **They were on sale about a week ago and …**

１週間前は売っていたのですが…

○ **I'm sorry, we don't. We did, but we are all sold out.**

申し訳ございません。置いていたのですが完売いたしました。

＊今在庫があるかどうかがポイントです。

UNIT 27

日本流「謙虚さ」から生じる誤解

秘訣 31

英語では基本的に人間関係は対等なので、「その人が誰であるか（what he is）」より、「その人が何をするか（what he does）」や「その人がどう考えるか（what he thinks）」に重点があります。

謙虚さが消極性、自己卑下に映ることもある

日本は上下社会ですから、相手に対してへりくだって話すのが好印象だと思い、われわれは日本語の発想のまま英語で話してしまいがちです。

しかし、**人間関係が基本的に対等**な英語圏の人たちに対してあまりに低姿勢でペコペコすると、「消極的」とか「自己卑下」とかネガティブな印象を与えかねません。日本語では、年上や職階の高い人に対しては謙虚さを示しますが、英語では先輩にも上司にも堂々としっかり胸を

張って話をします。もちろん何でも遠慮なく言っていいわけではありませんが、対等であるがゆえに、**ひどくへりくだる必要はない**のです。

日本語ではよく、「私は右も左もわかりませんが…」とか、「何かとご迷惑をおかけしますが…」など謙虚な表現を主文につけ加えます。しかし英語では、過剰なまでに謙虚すぎないようにしましょう。日本流の謙虚さを知らない人に対してこのように言うと非常に印象が悪くなってしまいます。

相手の好意を受けるときは…

英語圏の人と食事をして、食事代を相手が支払うという好意に対して、「私が払います」と何度も言い張ると、感謝どころか逆に変な顔をされてしまいます。そういうときには If you insist.（そこまでおっしゃるなら…）と、謙虚になりすぎずにこちらから折れたほうがいいでしょう。

日本流「謙虚さ」から生じる誤解

CD 31

※音声は良い例のみを収録しています。

英語圏では基本的に人間関係は対等です。謙虚になりすぎず、堂々と胸を張って話しましょう。

新しい職場に配属されて

✕ I know nothing about this work yet.

この仕事についてはまだまだ何もわからない未熟者です。

◯ I have some experience in this field.

この分野にはいくらか経験があります。

援助を頼まれて

✕ I can't be of any help, but ...

何のお役にも立てませんが…

◯ I hope I can be of some help to you.

少しでもお役に立てることを願っています。

新任あいさつで

✕ I'll cause you a lot of trouble, but ...

何かとご迷惑をおかけしますが…

◯ I'll do my best.

全力を尽くす所存です。

ホームパーティーに招待した客に

✕ **We don't have anything here, but ...**

何もございませんが…

✕ **We can't serve you anything good, but ...**

たいしたおもてなしはできませんが…

〇 **Thank you for coming to our house today. I hope you enjoy the party.**

今日はようこそおいでくださいました。皆様どうぞパーティーをお楽しみください。

UNIT 28

英語は何でも言葉にする

夫婦の間でも、親子でも、I love you. という言葉は欠かせません。I love you. を言わなくなると、それだけで、相手は「もうこの人は私のことを愛していないのかも…」と思ってしまうほどです。いわゆる「言わないとわからないだろう文化」ですね。状況から推測するのではなく、あくまで言葉重視というわけです。

言葉で伝えないと意思は伝わらない！

日本では、「口数が少なく、多くを語らない人」は、相手にいい印象を与えることもありますが、アメリカでは「**独創的な意見を持たない消極的で退屈な人**」ととらえられがちです。

アメリカの場合、国と国が隣接し、昔は戦争で土地を奪い合い、移民が訪れ、さまざまな人たちが融合してきました。同じ国にさまざまな文化が混在し、言葉は１つでも考え方は多様です。**言葉ではっきり伝えな**

いと意思は伝わらないということです。

くしゃみをした人には Bless you!

日本語では言わなくてもいいことも英語ではよく口にします。たとえば、人がくしゃみをしたあと、近くにいる人は Bless you!（神のご加護がありますように＝お大事に）と言ってあげます。これがないと、英語のコミュニケーションでは何となく物足りない感じがします。

また、英語では Thank you!（どうも！）や Really!（ほんとに！）だけでは言葉が足りないときもあります。日本語では少し大げさ、あるいはキザに思えるくらいの言葉で表現したほうが英語ではちょうどいいくらいです。

英語は何でも言葉にする

CD 32

言葉ではっきり伝えないと意思は伝わりません。少し大げさなくらいに言葉で表現することを心がけましょう。

Thank you.
ありがとうございます。

No problem.
どういたしまして。

I'm sorry.
ごめんなさい。

That's quite all right.
気にしなくていいですよ。

Bless you!
（人がくしゃみをして）お大事に。

Thank you.
ありがとうございます。

Have a nice day.
すてきな１日をお過ごしください。

You, too.
あなたも。

Merry Christmas!
楽しいクリスマスを！

Same to you!
あなたもね！

Welcome!
よくいらっしゃいました！

Wow! This is such a nice place you've got!
わあ！いいところにお住まいですね！

Happy Birthday, Linda!
誕生日おめでとう、リンダ！

Thank you! Oh, I've wanted this for a long time!
ありがとう！（プレゼントをもらって）わあ、これずっとほしいと思ってたの！

＊ Thank you! だけではうれしさが十分伝わりません。

UNIT 29

ひと声かけるのがマナー

秘訣㉝

日本では、出会い頭でぶつかりそうになっても何も言わなかったり、「すみません」と片方が言っても、もう片方は無言のこともあります。英語では必ず Excuse me.（すみません）や That's OK.（いいんですよ）と言葉にしましょう。

ひと声かけるだけで、人間関係は上手くいく

人の列を横切ったり、人ごみの中をすり抜けるとき、日本では手刀を切ったり、黙ってそのまま通り抜けることも多いと思いますが、**英語圏では**必ず **Excuse me. と言葉で表現**します。

また、書店で本を立ち読みしている人の後ろから、自分の読みたい本を手に取ろうとするときも、黙ってその本に手を伸ばさずに、ためらわずにひと言、Excuse me. I want to see that book.（すみません。そ

の本を見たいのですが）と言い、それに対して動いてくれたら Thank you. と言いましょう。

エレベーターでは After you. で譲り合う

日本ではエレベーターから降りるときに、混んでいないときでも自分が先に出て行く人が多くありませんか。誰かが「開」のボタンを押してくれていても、無言で出て行く人が多いようです。

英語圏では、エレベーターで乗り降りの際は「お先にどうぞ」という意味で Please. とか Go ahead. とか After you. と言葉にして、まずは譲り合います。

そして、**アイコンタクト**があり、**笑顔**があり、**Thank you. と言葉を返し**ます。先に自分から降りるときは、無言ではなく、Excuse me.、もし連れがいれば Excuse us. です。夜にホテルのエレベーターを降りるときは、Good night. と知らない人同士でも声をかけ合うことも多いのです。

ひと声かけるのがマナー

食事中、電車の中、買い物中、エレベーターの中など、いろいろな場面を想定して練習しましょう。

Q&A　英語ではどうする？

Q1　**あなたは上司と食事をしています。テーブルの上の醤油がほしいのですが、向い側に座っている上司の近くにあってあなたには手が届きません。どうしますか。**

A1　自分で取ろうとせずに、Excuse me. Would you please pass me the soy sauce?（お醤油を取っていただけますか）と言う。食事中に立つのは無作法です。食事中に身体（腕など）がテーブルの上を横切るのもマナー違反です！

Q2　**満員電車の中、あなたは降りようとしています。どうしますか。**

A2　周りの乗客を押しのけるのではなく、Excuse me. I'm getting off！（すみません。降ります！）と言う。

Q3 **お店で買い物をしました。レジでお金を支払い、あなたは立ち去ろうとしています。どうしますか。**

A3 店員の顔も見ずに、品物だけ持って立ち去らずに、店員と笑顔で視線を合わせて、Have a nice day!（いい1日をお過ごしください）と言う。

Q4 **あなたは下りのエレベーターに乗っています。途中の階でドアが開きだれかが乗ろうとしていますが、その人はエレベーターが上がっているのか下がっているのかわからず戸惑っている様子です。どうしますか。**

A4 黙っていないで、It's going down.（下です）と言ってあげる。その人が乗ってしまって、エレベーターが動き出したあとで間違いに気づいた様子であれば、Well, it's a free ride.（まあ、間違って乗ってもただですよ）などと、笑顔で冗談を言って和ませるのもいいですね。

UNIT 30

ふさわしくない話題

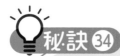

英語圏の人たちは、日本人ほど年齢には興味がありません。年齢差をまったく意識しないわけではありませんが、年齢差のために日本語ほど言葉遣いに気を遣う必要がないからです。

英語圏の人は年齢には関心が薄い

日本では年齢が１歳でも違うと言葉遣いを変えなければなりません。同じ年に生まれても３月生まれか４月生まれかで学年が違うため言葉遣いを変えないといけない文化です。それに対して英語圏の人たちは、日本人ほど**年齢には興味がありません**。How old are you? は、「いくつですか」と年齢を問う表現だと中学で教わります。しかし、英語では**大人同士で年齢を聞くことはあまりありません**。

「血液型」や「好きな言葉」を聞くのもナンセンス

血液型占いがないアメリカではWhat is your blood type?（あなたの血液型は何ですか）なんて聞きませんし、個人の血液型はプライバシーに関することでもあります。

また日本では時折、「あなたの好きな言葉は何ですか」と聞くことがありますが、英語でWhat is your favorite word?とはまず聞きません。

箸の持ち方が上手な外国の人に対して、You hold chopsticks very well!（箸の持ち方がお上手ですね！）と言ってほめたつもりでも、英語圏の人は、箸くらいだれでも使えます。日本人に向かって「フォークの使い方が上手ですね！」と言うようなものです。

出身地を聞いてはいけないことも

移民や難民が多いアメリカでは、経済的困窮（economic hardship）や、政治的圧迫（political oppression）や、宗教的迫害（religious persecution）などによって祖国を追われ、自分や祖先の出身地を聞かれたくない人もいることを忘れてはいけません。

ふさわしくない話題

CD 33

※音声は良い例のみを収録しています。

血液型、年齢、既婚・未婚など、うっかり聞かないように気をつけましょう。

「血液型」「年齢」を聞かない

× What is your blood type?
あなたの血液型は何ですか。

△ How old are you?
おいくつですか。

○ How old are your children?
お子さんたちはおいくつですか。
＊子どもの年齢を聞くのはＯＫです。

「好きな言葉」を聞かない

× What is your favorite word?
あなたの好きな言葉は何ですか。

○ What is your favorite color?
あなたの好きな色は何ですか。

○ What is your favorite food?
あなたの好きな食べ物は何ですか。

「箸の持ち方」をほめない

✕ You hold chopsticks very well!

箸の持ち方がお上手ですね！

○ You speak Japanese very well!

日本語がお上手ですね！

家族について深く聞かない

△ Where is your family originally from?

✕ What is the background of your family?

ご家族はもともとどちらの出身ですか。

✕ Are you married?

ご結婚されていますか。

○ How's your family?

ご家族はお元気ですか。

○ Do you have brothers or sisters?

ご兄弟はいらっしゃいますか。

UNIT 31

非言語メッセージ

非言語メッセージは、その伝わり方が英語と日本語では異なることが多いのでよく誤解が生じます。ですから、文化的な違いを知っておくと英会話の際にとても便利です。

身振り手振りだけでなく、視線や表情も雄弁である

非言語メッセージとひと言で言ってもいろいろあります。まず思いつくのは**ボディーランゲージ**、いわゆる「**身振り手振り**」です。

しかし、言葉以外のコミュニケーションはそれだけではありません。たとえば、「**歩き方**」や「**視線**」や「**表情**」など、しぐさ１つでその人のイメージが伝わるものも非言語メッセージに属します。また相手との「**距離**」や「**接触**」も大切な要素です。さらに、**声の調子**（パラ言語）

も言葉の働きを補足するものなので、聞いている人の感情を大きく左右します。

言葉と一緒に使う非言語メッセージは、**言葉を強調**したり、**感情を伝えたり**するのに大きな役割を果たします。愛している人に対して「愛しているよ」と言葉で表現しながら目をウルウルさせれば、気持ちの伝わり方は倍増するでしょう。

本音は非言語の部分に出やすい

また、「血相を変える」とよく言いますが、本音が表れやすいのも非言語の特徴です。言葉では「怒ってなんかいませんよ」と言いながら、顔の筋肉がヒクヒクと引きつったり、声の調子が上がったりすると、怒っていることがすぐにばれてしまいます。

中指立てたら、さあたいへん！

日本語には「指の歌」というのがありますね。「この指パパ、太っちょパパ…♪」つまり、親指はお父さんで、人差し指はお母さん、中指はお兄さんで…。最近、小学校の英語活動でも、英語で「指の歌」なるものを作って日本の子どもたちに歌わせたりしています。

歌で英語に親しんでいくことはとてもいいことです。ただ、少し注意しないといけないことがあります。まず、英語では指を家族になぞらえることはありません。親指はお父さんを表すものでもなく、人差し指がお母さんを表すものでもありません。また、中指に関しては、特に注意しないと、とんでもない誤解が生じかねません。

英語圏では**中指を立てること**は、**相手に対する最大の侮辱行為**なのです！ 私は以前アメリカで、ずり落ちたメガネを中指で押し上げただけで、目の前にいた男性に「俺にケンカを売るのか?!」ときつく言われたことがあります。

鼻がどうかしましたか？

「えっ？私？」というしぐさをするときに、日本では人差し指の先を自分の鼻に向けますが、英語圏の人には「鼻がどうかしましたか」と言われるかもしれません。**英語圏で自分を指さす場合**には、**親指で胸を指す**か、**手を軽く胸にあてます**。

招き猫、お店の前で何してる？

日本を訪れている英語圏の人によく尋ねられる質問の１つに、「お店の入り口に座っているあの猫は何ですか」というものがあります。「お客さんおいで、お金おいで、ということですよ」と言ってもよくわかってもらえないことがあります。**日本では、「おいで、おいで」のしぐさ**は、**手のひらを下**にして指を動かしますが、**英語圏**では**手のひらを上**にして指を動かします。ですから、日本流にやってしまうとその意図がうまく伝わらないわけです。日本流の「おいで、おいで」は、指の動かし方によっては、「あっちに行け」という意味にも取られてしまいます。

しかし、英語圏では手招きは手のひらを上だと思って、人を呼ぶときにいつもこの手招きをするわけにはいきません。たとえば、手招きは表情によって、人を呼んで何か悪いことを伝える場合にも用いられます。

また、ウエイターを呼ぶ際に手招きをすると、やはり失礼になることもありますし、人差し指だけを使うとさらに悪いイメージを与えます。ウエイターを呼ぶときは、手を上げたり、振ったりして気づいてもらうのがいいですね。

両手でバツは日本式？

「だめです」とか「無理です」という意味で、日本では両手で大きな×を作りますが、これは英語圏ではまったく通用しません！「だめです」「無理です」を表すには首を横に振り、「どうにもなりません」という場合には、手のひらを上にして両手を肩の位置まで上げて広げます。

面接で脚を組むのは好印象！？

英語圏と日本のボディーランゲージには、まだまだたくさん違いがありますが、もう１つ決定的に違う例が、面接を受けるときの姿勢です。たとえば、日本では座っているときの基本は姿勢が良いこと。手は膝の上。緊張感をもって、しぐさは控えめ。いわゆる、礼節の心、謙譲の美徳がモットーです。

ところが、英語圏の面接では、**座っているときにはよく脚を組みます**。これはリラックスしていることの表れです。リラックスしているのは自分に自信がある証拠だという考え方です。日本の総理大臣とアメリカの大統領が、並んで椅子に座って話をしているシーンをテレビでご覧になったことがありますか。アメリカの大統領は必ずと言っていいほど脚を組んでいますね。

また、英語では**しぐさは大きく、生き生きと表現力豊かに話す**ことが高く評価されます。つまり、**日本は謙虚さ重視、英語圏は自己アピール重視**ということです。日本人は、たとえ身振り手振りを大きくしたとしても、顔が無表情で、英語圏の人には感情が伝わりにくいとよく言われます。英語で話すときは、言葉を巧みに操るだけではなく、能面になることなく顔の表情が生き生きと表現力豊かになるよう心がけましょう。

プロクシミティ

プロクシミティ（proximity）とは、話し手と聞き手が会話しているときに保つ距離（近さ）のことです。普通に立って話をしているときも、実は心地よく感じるお互いの距離感があるのです。この距離は文化によって異なります。

人と人の距離はアメリカでは1メートル！

日本では1.5メートルくらい離れていないと、お辞儀をするときに頭がぶつかってしまいますし、アメリカでは１メートルくらいに近づいておかないと握手をするために手が十分届きません。

日本人は１メートルくらいに近づかれると、「もう少し離れてください」と言いたくなるくらい、圧迫感や、時には危険を感じてしまいます。逆に、英語で話すときに日本語で話すときのように離れていると不自然さを感じますし、コミュニケーションに消極的だと誤解されてしまうかもしれません。英語で話すときは、日本語で話すときよりも心もち相手に近づきましょう。

UNIT 33

アイコンタクト

握手をする英語でのあいさつでは、アイコンタクト（視線を合わせること）がとても重要です。さらに、目が合っていれば絶えずお互いの顔がよく見えているわけですから、英語で会話をするときには笑顔もとても大切です。目を合わせることはお互いの信頼の証です。

お辞儀文化では視線を合わせないが…

英語圏の人が日本人とのコミュニケーションで一番困るのは、目と目が合わないことだと言われます。

日本では、あいさつをするときには、笑顔も作らず、相手の目も見ず、声も出さずにお辞儀だけして通り過ぎる場合がよくあります。日本人同士なら、それでまったく問題ありません。日本ではお辞儀はとても大切なマナーです。お辞儀をするときには、お互いの顔ではなく地面が見えているので、目を合わせたり、笑顔を作ったりする必要はないのかもしれません。一方で、握手をする英語でのあいさつでは、**アイコンタクト（視線を合わせること）**がとても重要です。**視線を合わせることは信頼の証**なのです。

テレビのニュース番組を見ると、キャスターが２人並んで報道をしているとき、１人がしゃべっている間は、もう１人がそのしゃべっているキャスターの目を見ています。視聴者に彼らの互いの信頼関係や、見る心地良さを感じさせる効果があります。

握手は意外に難しい

握手には３つのポイントがあります。①立ち方、②手の握り方、③表情とアイコンタクトです。

堂々と立ち、相手の目を見て、しっかり握る！

握手をするのは簡単そうですが、実はそんなに簡単ではありません。特に日本人は「接触の文化」に慣れていません。手を握ることすら躊躇する人もいます。

手を差し出すタイミングや握手の相手のことも考慮しなければなりません。たとえば、男性と女性が握手をする場合、男性は女性が先に手を差し出すのを待つのが一般的なマナーです。

握手には３つのポイントがあります。①立ち方、②手の握り方、③表情とアイコンタクトです。

①胸を張って立つ…お辞儀のように身をかがめず、相手に近づいて**堂々と胸を張って**立ちましょう。

②右手でしっかり…握手は基本的には右手でします。やんわり握ると「あなたの手を握りたくありません」ということになります。右手で相手の右手をギュッと、強すぎず弱すぎず、**しっかりと握りましょう**。

③笑顔でアイコンタクト…無表情はいけません。目の前に相手の顔が見えているわけですから、笑顔がないと怒っているように見えてしまいます。**視線を合わせながら笑顔であいさつ**をしましょう。

左が日本の子ども、右がアメリカの子どもです。
日本人は握手のときにうつむきがちですね。

UNIT 35

ドアホールディング

英語圏では、ドアを押さえてあげる習慣は老若男女に関係なく浸透しています。

子どもの頃からドアを押さえるマナーが身についている

英語文化圏には、**後ろから来ている人のためにドアを押さえてあげる習慣**があります。

たいてい「モノ」には「習慣」や「考え方」が付随しているものです。目に見える「モノ」は異文化に入ってきやすいですが、目には見えない「習慣」や「考え方」は入ってきづらいと言えます。「モノ」である西洋式のドアは日本に移入されましたが、ドアを押さえてあげる「習慣」はあまり根づいてはいないようです。

英語圏では、ドアを押さえてあげる習慣は老若男女に関係なく浸透しています。アメリカの小学校では、一列に並んで別の教室に移動するときに、日本の小学校に日直さんがいるように、「ドア押さえ係さん」がいるところもあります。**幼い頃から学ぶ礼儀作法**の１つです。

人のためにドアを押さえてあげないことで、「日本人は失礼だ！」と誤解を受けるのは不本意ですよね。古来、引き戸がほとんどであった日本では、ドアを押さえる習慣はありませんでした。最後の人が戸を閉めるというのが礼儀であって、ドアを押さえる必要はなかったわけで、押さえることに慣れていないだけなのです。

英語圏では子どもでさえ人のためにドアを押さえてあげる習慣が定着しています。

UNIT 36

同じ英語圏でも違いがある

英語も、アメリカとイギリスという２つの文化圏で発音、語句、つづり、表現など、さまざまな違いがあります。

アメリカとイギリスでは日常表現に違うものがある

アメリカ英語では、「トイレ」という意味で restroom という言葉をよく使います。toilet は「便所」という意味で直接的ですし、また「便器」という意味にもなるので避けられがちです。

以前、イギリス人の友人がアメリカで旅行中、家族とデパートに買い物に行き、買い物が嫌いだった彼はデパート内の RESTROOM という表示を見て、ソファーか何かが置いてある休憩（rest）できる部屋だと思い、入ってみたらトイレだったのでひどく驚いたということを話していました。

米英では言葉もこんなに違う

アメリカ英語とイギリス英語で異なるものは他にもあります。たとえば、エレベーターはアメリカでは **elevator**、イギリスでは **lift** と言います。キャンディーもアメリカでは **candy** ですが、イギリスでは **sweets** です。

建物の1階はアメリカでは **first floor**、イギリスでは **ground floor** です。アメリカでの2階（second floor）がイギリスでは first floor となります。休暇という意味の **vacation** もアメリカ英語。イギリスでは **holidays** を使います。**homestay**（ホームステイ）、**high school**（高校）、**hopefully**（できれば）などもアメリカ英語です。

さまざまな表現の違いは175ページを参考にしてください。

米英では発音も違う

アメリカ英語とイギリス英語ではもちろん発音も違います。イギリス英語で half や bath など口を大きく開けて「**アー**」と発音する音が、アメリカ英語では「**アー**」と「**エー**」の間の音で発音されがちです。

dog や rock はイギリス英語では「ドーグ」「ロック」ですが、アメリカ英語では「ダーグ」「ラック」となります。

party や twenty はイギリス英語では t をはっきり発音し「パー

ティー」「トゥウェンティー」となりますが、アメリカ英語ではそれぞれ「パーリー」「トゥウェニー」のように発音します。

court と caught はイギリス英語では「コート」という同じ発音になりますが、アメリカ英語では court など r の音（口の中で舌を上にそらせる音）をはっきりと発音します。

米では theater、英では theatre

つづりも違うものがあります。たとえば、アメリカ英語での **center**（中心）や **theater**（劇場）はイギリス英語ではそれぞれ **centre**、**theatre** となります。**color**（色）や **neighbor**（近所の人）というつづりもアメリカ式。イギリス英語では **colour**、**neighbour** です。

EXAMPLES

	アメリカ英語	イギリス英語
紙幣	**bill**	**note**
郵便物	**mail**	**post**
映画	**movie**	**film**
休暇	**vacation**	**holidays**
秋	**fall**	**autumn**
キャンディー	**candy**	**sweets**
クッキー	**cookie**	**biscuit**
＊アメリカでは biscuit はパサパサした薄焼きのパンのこと。		
ズボン	**pants**	**trousers**
ガソリン	**gas**	**petrol**
ごみ	**trash**	**rubbish**
アパート	**apartment**	**flat**
エレベーター	**elevator**	**lift**
１階	**first floor**	**ground floor**
酒場	**bar**	**pub**
トイレ	**restroom**	**toilet**
地下鉄	**subway**	**underground**
＊アメリカでは underground は地下（道）のこと。		
町の中心部	**downtown**	**city centre**
歩道	**sidewalk**	**pavement**

第3章 EXERCISES

❶ つぎの状況でどんな行動をとるべきでしょうか。A、Bのどちらか正しいほうを選んでください。

1. あなたはドアを開けて建物に入ろうとしています。あなたのすぐ後ろにその建物へ入ろうとしている別の人がいます。どうしますか。

A：後ろの人も急いでいるかもしれないので、さっと建物内に入る。
B：ドアを押さえ、後ろの人を先に入れてあげる。

2. 会社で英語圏出身の同僚とすれ違いました。どうしますか。

A：黙って丁寧にお辞儀をして静かに通り過ぎる。
B：笑顔で視線を合わせて声をかける。

3. あなたは教室で授業を受けています。教室のエアコンが効きすぎていてだんだん寒くなってきました。どうしますか。

A：教室が寒すぎることを先生に口頭で伝える。
B：授業の邪魔にならないように黙って我慢する。

4. パーティーで初めて会った英語圏の人と会話が滞ってしまいました。あなたは話題を提供しなければいけないと思い、話題を探しています。どうしますか。

A：相手が結婚しているかどうかを尋ねて話題を家族のことに広げる。
B：日本国内でどんなところを旅行したことがあるか聞いてみる。

5. あなたは他のたくさんの人たちと一緒に英語で研修を受けています。先生が Do you have any questions?（質問はありませんか）と聞いてきました。どうしますか。

A：聞きたいことがあるので、手を挙げて質問する。
B：１人だけ質問すると周りの人たちに迷惑なので、研修終了後に個人的に質問する。

6. レストランでウエイトレスが注文した食事をテーブルに持って来て、Enjoy your dinner.（ごゆっくりどうぞ）と言いました。どうしますか。

A：ウエイトレスの顔を見て Thank you. と言う。

B：とても美味しそうなのですぐ食べ始める。

❷ つぎの日本語を、英語で言ってみましょう。ヒントも参考にしてください。

1. （客室乗務員に What would you like to drink, ma'am? と言われたあとに）
コーヒーをお願いします。

____

ヒント「コーヒー」と言うだけではいけません。

2. （援助を頼まれたあとに）少しでもお役に立てることを願っています。

____

ヒント「役に立つ」は of some help を使います。

3. （情報提供を頼んで）機会があるときに、詳細を教えてください。

____

ヒント 英語は大切なことを先に言います。

ANSWERS

❶

1. 正解：B

✔ 日本人は、知っている人や会社の上司にはドアを押さえてあげるときもありますが、知らない人にはあまり押さえてあげません。英語圏では誰に対してでもドアを押さえ Go ahead.（お先にどうぞ）と言ってあげるのがマナーです。

2. 正解：B

✔ 笑顔で Good morning. や Hello. などと声をかけます。また、How's everything?（調子はどうですか）とか How was your weekend?（週末はどうでしたか）など簡単な会話を交わします。遠く離れてお互いの視線が合ったら、お辞儀ではなく手を振ります。部下が上司に笑顔で手を振ってあいさつすることもあります。

3. 正解：A

✔ 黙って我慢したり、立ち上がってエアコンを自分で操作したりせずに、先生に Excuse me. Could you turn off the air conditioning?（すみません。エアコンを消してもらえませんか）と言いましょう。日本人は、周りの人たちを気遣って黙っている場合が多いのですが、英語では自分の思いをまず言葉で表現します。

4. 正解：B

✔ ふさわしい話題としてはもちろん個人旅行だけではありませんが、英語では相手が結婚しているかどうか（Are you married?）は聞かないのが普通です。他にも What is your religion?（あなたの宗教は何ですか）とか Are you a Democrat?（あなたは民主党支持者ですか）など、宗教や支持政党のことなどは話題にしないようにしましょう。

5. 正解：A

✔ 質問がなければ、教師は自分の授業は退屈だったのだと考えます。Could you briefly explain the second part again?（２つ目の部分をもう一度簡単に説明していただけませんか）などと言ってみてはどうでしょうか。アメリカでは、受講生は質問がなければ教師に気を遣って個人的なコメントを言ったりもします。

6. 正解：A

✔ ウエイトレスから「ご注文の品は以上でおそろいでしょうか。ごゆっくりどうぞ」と言われても、日本人のお客は何も言わないことが多いですね。英語圏ではお客も店員も人間関係は対等です。アイコンタクトをして Thank you. と言いましょう。

❷

1. Coffee, please.

✔ 客室乗務員も乗客も対等です。「コーヒー」とだけ言うのは失礼です。Can I have ～？や、～ , please. と後ろにpleaseをつけて言いましょう。

2. I hope I can be of some help to you.

✔ 「何のお役にも立てませんが…」と謙遜せずに、少しでも役に立ちたい気持ちを言葉で表現します。

3. Please give me the details when you have a chance.

✔ 英語では伝えたいポイントをまず先に言います。ここでは「詳細を教えてほしい」ということをまず伝え、「機会があるときに」というつけ足しはあとで言います。

異文化みちくさ講座❹

使用中でないドアは開いている

トイレのドアをノックする。日本では使用中の場合は中からノックが返ってきます。英語圏では、Hello!（入ってます！）とか Just a minute!（ちょっと待ってください！）と言葉で表現するのが普通です。

そもそも、英語圏ではトイレが使用されていない場合は、普通ドアは開いた状態になっています。会社の会議室や重役室、大学の研究室のドアなども同じで、閉まっていれば「使用中」、または「邪魔をしないで」という暗黙のルールです。

ですから、閉まっているトイレのドアをノックすると「早く出なさい！」なんていう意味にも取られかねないので注意しましょう。

たとえばホームステイ先で、トイレを使ったあと、丁寧にドアを閉めてしまうと、ホストファミリーは使用中だと勘違いして、「いつまで使っているんだろう」と思いながら、ずっと待っていることでしょう。

基本的に英語圏では、ドアを開けておく行為は、「いつでもお入りください」という意味です。一方、日本では、ドアを開けっ放しにしておくのは「だらしがない」という意味に取られがちです。ドアの開け閉めにも文化によって異なるルールがあるのです。

「いつでもどうぞ」

第4章

コミュニケーションの発展

英語の発想編

英語を話すときには、日本語からの直訳的な発想では、うまく表現できないことがあります。

英語と日本語の表現の落差を頭に入れて、英語的な発想で話すようにしましょう。

色のイメージ、語順や曖昧表現、間接表現などを中心に、カタカナ英語の注意点についても紹介します。

くり返し表現を避ける

英語は日本語と違い、くり返し表現を使う頻度は非常に少ないと言えます。

強調したいときには、別の表現を使う

日本語にはくり返しの表現がたくさんあります。たとえば、「そう、そう」とか「どうも、どうも」などは誰でもよく使いますね。くり返すことによって意味を強調する効果があるわけです。

英語にもくり返し表現がないわけではありません。子どもが親に楽しいことをしてもらって、Do it again! Do it again!（もう1回！ もう1回！）と言ったりすることがあります。しかし、大人が使う英語ではありません。No, no, no, no. や Yeah, yeah. などは品がなく、適切な言い方とは言えません。

第２章でも触れましたが、その場での定型表現の反復や、日をまたいでの感謝や謝罪の気持ちのくり返しはできるだけ避けることが英会話の鉄則です。英語は日本語と違い、**くり返し表現を使う頻度は非常に少ない**と言えます。

ですから、Right, right.（そう、そう）とは言わず、１回だけ Right. です。Sorry, sorry.（ごめん、ごめん）ではなく Sorry. の１回です。強調したい場合は、同じ表現をくり返すのではなく、Thank you. I appreciate it. のように**別の表現をつけ加えたり**、I'm terribly sorry. のように**強調の言葉を文中に入れたり**します。

くり返し表現を避ける

CD 34

同じ表現をくり返すのではなく、別の表現をつけ加えたり、強調の言葉を文中に入れたりして意味を強調しましょう。

That's right.
そう、そう。

Right here!
こっち、こっち！

Right there!
そこ、そこ！

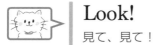

Look!
見て、見て！

I'm so sorry.
ごめん、ごめん。

Which one?
どれ、どれ？

Thank you. I really appreciate your help.
どうも、どうも。

It's been a long time! Good to see you again.
久しぶり、久しぶり！

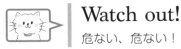

Watch out!

危ない、危ない！

Don't worry about it.

いいよ、いいよ［心配しなくて］。

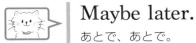

Maybe later.

あとで、あとで。

I found it.

あった、あった。

Come here!

おいで、おいで！

UNIT 38

数える？ 数えない？

英語では、Here is a book. なのか Here are some books. なのか、絶えず意識しておかなければなりません。a なのか -s なのかだけのことですが、けっこう気を遣います。

単複、可算・不可算は意識しなければならない

英語には**数えられる名詞**と**数えられない名詞**があります。日本語も１つ、２つと数えますが、英語の「複数の s」のように文字として表されないので、日本人は単数、複数に無頓着です。

たとえば、「ここに本があります」と言うときに、すぐに本の数をイメージするでしょうか。英語では１冊の本（a book）なのか、複数の本（books）なのかを自然と区別して話をしています。

ネイティブは言葉の習慣として自然に身につけている

weather（天気）と climate（気候）どちらかが数えられてどちらかは数えられません。おわかりになりますか。答えは、climate は数えられますが、weather は数えられません。ネイティブスピーカーは、数えられるか数えられないか、ほとんど意識していません。理由を聞いても、きっと「weather は a も s もつかないからつかない」としか言ってくれないでしょう。言葉の習慣として自然に身についているのです。

その他にも数えられそうで数えられない名詞に、baggage（手荷物）、information（情報）、advice（アドバイス）、staff（スタッフ）、chalk（チョーク）、furniture（家具）、fun（楽しみ）などがあります。

また、work は「仕事」という意味では数えられませんが、「作品」という意味では数えられます。同様に、paper も「紙」という意味では数えられませんが、「書類」「新聞」「(学校で提出する）レポート」という意味では数えられます。

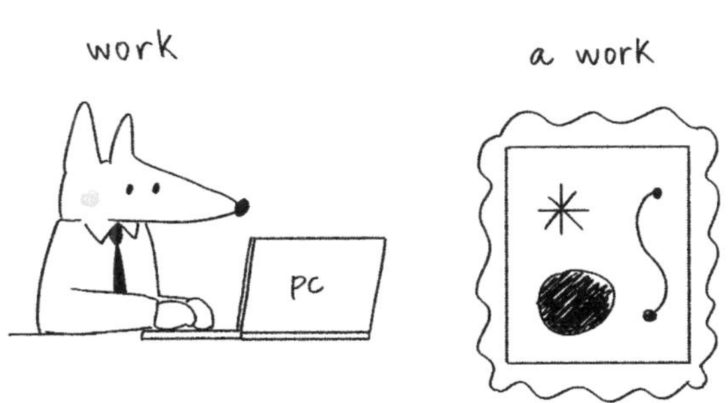

数える？ 数えない？

CD 35

日本人は単複、可算・不可算に無頓着な傾向にありますが、ネイティブは言葉の習慣として自然に身につけています。くり返し練習してしっかり覚えましょう。

We're having nice weather.

最近は天気がいいですね。

I can't survive in such a cold climate.

こんな寒い気候では生きていけない。

She has a lot of information about hotels in Hawaii.

彼女はハワイのホテルについて、情報をたくさん持っています。

How many pieces of baggage do you have?

手荷物はいくつお持ちですか。

＊どうしても数える必要があるときは piece を使います。

Did you have fun?

楽しかった？

I have a fever.

熱があります。

＊ fever は1つ、2つとは数えられませんが a がつきます。

Let's go to the movies.

映画に行きましょう。

＊一般的に「映画に行く」と言うときには複数を使います。go to see a movie とも言えます。

Two orange juices, please.

オレンジジュースを２つお願いします。

＊液体は普通は数えられませんが、注文するときには数えます。

Did you have lunch?

お昼ごはんを食べましたか。

I had a big lunch.

お昼ごはんをたくさん食べました。

＊ breakfast、lunch、dinner は big のような形容詞がつくと a が必要です。

I have a lot of work to do.

やるべき仕事がたくさんあります。

＊ work は「仕事」という意味では数えられませんが、「作品」という意味では数えられます。

色の表現

色のイメージは文化によって異なるものがあります。色を用いた日本語の表現をそのまま英語に訳しても、意味が通じないこともあるのです。英語の発想で色をとらえることが大切です。

リンゴは「黄緑」、ウサギは「茶色」。所変われば色も変わる

日本の小学生に太陽を描いてもらうと、たいてい赤のクレヨンで色づけします。ところが、アメリカの子どもたちは太陽はオレンジに塗ります。

リンゴはどうでしょう？ 当然、赤ですよね。いえいえ、アメリカの子どもたちはよく黄緑色で塗ります。ウサギはどうでしょう？ おそらく日本では白ですね。アメリカでは茶色です。ピーターラビットの色を

思い出すと茶色も納得です。茶色いトラ猫は、英語では orange cat（オレンジ色の猫）です。

信号は「赤・青・黄色」と言いたいところですが、英語では信号の「**青**」は **green** です。青々とした**野菜**も **green vegetables** です。日本語では新米や未熟な者を「青二才」と言うように「青」を使いますが、英語では green を使います。

白髪も white hair ではなく **gray hair**（灰色の髪）と言います。また、英語圏はさまざまな人種が共存する社会ですから、もちろん「肌色」なんていう英語はありません。

CD 36

色の表現

日本語の表現をそのまま英語にすると意味が通じないことがあります。英語の発想を覚えましょう。

His hair has turned gray.

彼の髪は白くなりました。

She has beautiful brown eyes.

彼女は美しい黒い目をしています。

＊ He has a black eye. と言うと、「目の周りにあざができている」という意味になってしまいます。

Everything came out of the blue.

すべてが不意の出来事でした。

The green recruits have to get one month's training.

新入社員は１カ月の研修を受けなければなりません。

He drank too much and turned green.

彼は飲み過ぎて、顔が青くなった。

When she saw a rich woman, she was green with envy.

彼女はお金持ちの女性を見て、うらやましく思った。

＊ green には「嫉妬深い」「やきもちやきの」という意味があります。

People were all dressed in black at the funeral.

お葬式ではみんな喪服を着ていました。

＊「白衣を着た看護師さん」は a nurse in white です。

My face turned red.

とても恥ずかしかったです。

Their company is in the red.

彼らの会社は赤字です。

＊黒字の場合は in the black を使います。

You are too yellow to say no.

あなたはとても臆病だから、断ることができないのね。

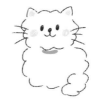

UNIT 40

語順はやっかいだ

日本語では「春夏秋冬」、英語では「冬春夏秋」が季節の順番です。
語順の規則を知っておくと、自然な英語表現ができるようになります。

「あっち」と「こっち」はどっちが先？

1年の季節の順番は、日本語ではもちろん「春・夏・秋・冬」ですね。桜の花が咲く春に入学式、年度も春からはじまるのがあたりまえです。でも、これが万国共通だと思うと大間違い！ 英語では、どの季節が最初だと思いますか。英語では普通、**winter, spring, summer, fall**（**冬・春・夏・秋**）の順番です。

では1週間のはじまりはどうでしょう。もちろん、「**月・火・水・木・金・土・日**」ですよね。いえいえ、英語では、**Sunday, Monday,**

Tuesday, **Wednesday**, **Thursday**, **Friday and Saturday** です。日本のスケジュール帳は月曜日からはじまるものが多いですが、アメリカのものは日曜日からはじまります。

また、日本語では「**あちこち**」「**あれこれ**」のように遠いほうを先に言いますが、英語では **here and there**、**this and that** のように近いほうを先に言います。

「お父さん、お母さん」、英語は「お母さん」が先！

日本語では、「お父さん、お母さん」のように、男性を先に言う場合が多いですね。英語では、お母さんが優先。**Mom and Dad**（**お母さん、お父さん**）と言います。

「黒」と「白」を並べて言うときには、日本語では「白黒」ですね。「行ったり来たり」ですし、「出たり入ったり」です。これらの語順は英語では逆になります。「**白黒**」は **black and white**、「**行ったり来たり**」は **come and go**、「**出たり入ったり**」は **in and out** となります。

また、日本語では「**住所氏名**」と言いますが、英語では **name and address** と言います。これには理由がありそうです。集団や地域を大切にする日本では住所が先、個人が大切な英語圏では氏名が先です。

「大きい」→「緑色の」→「バス」

「緑色の大きいバス」、「大きい緑色のバス」。どちらも正しい日本語ですね。しかし、英語は語順が決まっています。a green big bus でしょうか。それとも a big green bus でしょうか。正解は、a big green bus。以前、アメリカ人にこの理由を聞いてみたところ、「きっと、アルファベット順だ！」という答えが返ってきました。big の b が green の g よりもアルファベット順で先だというわけです。でも、そんなことはありません。s が g よりあとだということで、a green small bus と言うかというとそんなことはなく、やはり a small green bus です。つまり、規則としては大きさが先で色があとだということです。

同様に、日本語では「無事に昨日そこに着きましたか」でもいいですし、「昨日そこに無事に着きましたか」でもいいですね。でも英語では語順が決まっています。Did you get there all right yesterday? のように「**場所**」（**there**）→「**様態**」（**all right**）→「**時**」（**yesterday**）の順番になります。

語順はやっかいだ

CD 37

英語の語順を覚えて自然な英語表現を身につけましょう。

winter, spring, summer and fall
春夏秋冬

north, south, east and west
東西南北

black and white
白黒

here and there
あちこち

this and that
あれこれ

nice and warm
暖かくて気持ちいい

Mom and Dad
お父さん、お母さん

come and go
行ったり来たり

in and out
出たり入ったり

back and forth
往復

supply and demand
需要と供給

heat and cold
寒暖

name and address
住所氏名

a knife and fork
［1組の］ナイフとフォーク

Ladies and gentlemen, boys and girls!
紳士淑女、少年少女のみなさん！

you and me
君と僕

time and money
時間とお金

rich and famous
裕福で有名

a small red car
赤い小さい車

a little black book
小さい黒い本
＊この表現には「秘密の住所録」という意味もあります。

そのカタカナ英語、通じない!

秘訣45

英語が日本語に取り入れられる過程で、形や発音も実際の英語と変わってしまった言葉が数多くあります。もともとの英語よりも意味が狭くなったり、広くなったり、意味がまったく変わってしまったものもあります。

通じないカタカナ英語の正しい表現を知っておこう

日本語にはたくさんの英語の言葉が入り込んでいます。もはや、それらのカタカナ英語を1つも使わずに1日を過ごすことはまずできないでしょう。実際の英語とカタカナ英語の違いを見てみましょう。たとえば、カタカナ英語の「**プラスチック**」は主に硬い素材に使いますが、英語では**ビニールのような柔らかいもの**にも使います。並んだ料理から好きなものを取り分けて食べる食事スタイルであるバイキング（viking）は、英語では buffet と言わないと通じません。

日本語では文句をつけるという意味で「**クレームをつける**」と言いますが、英語で **claim** というのは「**主張する**」という意味です。また、「彼女は日本人とアメリカ人のハーフだ」と言いますが、英語で She is half Japanese (half American). と言うと軽蔑的なイメージを与えかねません。His mother is from Japan. と言って、ハーフであることを示すほうが無難でしょう。

arcade は「商店街」にあらず

アーケード（arcade）と言うと、英語では「屋根つきの通り」という意味で、商店街というイメージはありません。アメリカではアーケードのような屋根つきの商店街はあまり見かけません。**arcade** は、どちらかと言うと「**ゲームセンター**」という意味に取られやすいので、商店街は shopping mall のほうが適切でしょう。

このように例を挙げ出すときりがありませんが、つぎのページ以降に注意すべき通じないカタカナ英語をできる限り挙げておきます。

そのカタカナ英語、通じない！

CD 38

形や発音、意味が実際の英語とは変わってしまったカタカナ英語が数多くあります。ひとつひとつ丁寧に覚えていきましょう。

余計な言葉をつけないで！

ホテルの「スイートルーム」はスイート (suite) です。ルーム (room) という言葉は要りません。うっかりひと言つけ足さないようにしましょう。

We stayed in a luxury suite.

豪華なスイートルームに泊まりました。

＊スイートルーム ⇒ suite

Please tell the guard that you are visiting me.

私を訪ねて来ていることをガードマンに伝えてください。

＊ガードマン ⇒ guard

Use one of those mugs when you drink coffee.

コーヒーを飲むときには、そこにあるマグカップを使ってね。

＊マグカップ ⇒ mug

I like the logo of that company.

私はその会社のロゴマークが好きです。

＊ロゴマーク ⇒ logo

People will be performing a hula on the stage.

ステージではフラダンスがあります。

＊フラダンス ⇒ hula

The shop is having a sale this week.

その店では今週バーゲンセールをやっています。

＊バーゲンセール ⇒ sale

Could you hand me a tissue?

ティッシュペーパーを取ってもらえませんか。

＊ティッシュペーパー ⇒ tissue

1語足りません！

逆に1語足りないカタカナ英語もあります。たとえばホテルの「フロント」は front desk で、front だけでは通じません。

Ask for the room key at the front desk.

鍵はフロントでもらってください。

＊フロント ⇒ front desk

She always goes out with no make-up.

彼女はいつもノーメークで外出します。

＊メーク ⇒ make-up（makeup）

I went to a department store to do some shopping yesterday.

昨日デパートに買い物に行きました。

＊デパート ⇒ department store

Is there a supermarket near here?

近くにスーパーがありますか。

＊スーパー ⇒ supermarket

You can either call me or send me an email.

電話するかメールしてください。

＊メール ⇒ email。mail は単に「郵便（物）」という意味です。

These forks are made of stainless steel.

これらのフォークはステンレス製です。

＊ステンレス ⇒ stainless steel

These days many Japanese prefer wood flooring to tatami mats.

最近では、多くの日本人は畳よりフローリングを好みます。

＊フローリング ⇒ wood flooring。flooring は「床張り」のことです。板材とは限りません。

全然違う言葉なの？

何がどうしてこうなったのか。まったく別の単語になってしまった和製カタカナ英語です。とにかく知っていないと困ります。

The dinner we had was a buffet.

夕食はバイキングでした。

＊バイキング ⇒ buffet

I lost control of the steering wheel in the heavy rain.

大雨で車のハンドルをとられてしまった。

＊ハンドル ⇒ steering wheel

Many college students live in a studio.

大学生の多くはワンルームマンションに住んでいます。

＊ワンルームマンション ⇒ studio (apartment)

How many outlets does the meeting room have?

会議室にコンセントはいくつありますか。

＊コンセント ⇒ outlet

We should avoid using plastic bags for the environment.

環境のためにビニール袋は使わないようにしましょう。

＊ビニール ⇒ plastic

That's a nice purse you have.

そのハンドバッグ、すてきね。

＊ハンドバッグ ⇒ purse

I rented a convertible in Hawaii.

ハワイでオープンカーを借りました。

＊オープンカー ⇒ convertible

UNIT 42 直訳ではなく英語的発想を

秘訣 46

英語には日本語と違った英語特有の表現法があります。直訳ではなく、英語の語句や表現のニュアンスを理解しておくと「英語らしく」話すことができます。

日本語からの直訳ではなく、英語の発想で考える

たとえば、「あ～、びっくりした！」と言いたいとき、日本語では「自分が驚く」ように表現しますが、英語では「人を驚かす」という感覚です。ですから、この場合 **You scared me!**（**あなたは私をびっくりさせた**）を使います。

「どんな方法がありますか」とか、「どれから選べばいいのですか」と複数から１つを選ぶ場合、「どんな方法」や「どれから選べば」という

直訳の英語を探さず、What are my options?（私の選択肢は何ですか）というふうにoption を使えば事足ります。

「今日はついてないな」もunlucky という言葉がすぐに思い浮かびますが、英語では **Today is not my day.**（**今日は私の日じゃない**）と言えますし、同じように、**This shirt is not my color.** と言えば「**このシャツの色は私には似合わない**」という意味になります。

by the way のつぎには重要な情報がくる

話題を変えるためにby the way（ところで）という表現がよく使われます。日本語では大事な話をしたあとで「ところで、昼食はもう済まされましたか」のように、本題とは違う別の話題に軽く流すときにも使いますが、英語のby the way のあとは、大切な話題が来るのが普通です。

直訳ではなく英語的発想を

CD 39

日本語から直訳せずに、英語特有の表現法を覚えて「英語らしく」話せるように練習しましょう。

You scared me!

あ～、びっくりした！

What are my options?

どれから選べばいいのですか。

Today is not my day.

今日はついてないな。

This shirt is not my color.

このシャツの色は私には似合いません。

Can you give me a ride?

車に乗せてくれない？

I want the mountain behind me.

背景に山を入れてほしいのですが。

＊人に写真を撮ってもらうとき。

By the way, my sister will get married next month!

話は変わるけど、姉が来月結婚するのです。

This street leads you to the hotel.

この道を行くとホテルに着きますよ。

＊「この道があなたをホテルに導いてくれる」と発想します。

I always bring bad weather.

私は雨男［雨女］です。

＊英語では「雨男、雨女」は「悪い天気を持って来る」という発想です。

Stop shaking your legs!

貧乏ゆすりはやめてください！

＊「貧乏ゆすり」など、日本語の名詞がそのまま英語の名詞に訳せるとは限りません。

曖昧表現

英語もヒトが使う言葉ですから、やはり曖昧な部分はあるのです。何でもズバリと言うわけではありません。

曖昧にぼかす言い方も、ときには必要

日本語は人の気持ちを第一に気遣う優しい言語なので、「やんわり」表現が多い曲線文化の言葉だと言えます。ところが、英語圏の人にはその「やんわりさ」が、逆に「曖昧」に思えてしまうとよく言われます。それに対し、英語は日本語にくらべて直接的な表現が目につきます。英語は率直に「ズバリ」表現することが多い直線文化の言葉です。

とは言え、やはり英語にも曖昧な表現はあります。たとえば、文の

あとにつけ加えて「そのようなものです」という意味で、... and that kind of thing. や ... that sort of stuff. をよく使います。また、... and all that.（他にもいろいろと…）や ... and everything.（…や何やかや）のように前に述べた内容を曖昧にぼかす表現もあります。

しかし、これらの表現はあくまでも口語的な使い方ですので、ビジネスレターなど書き言葉としてはおすすめできません。

他の曖昧表現としては、**kind of like ～（～みたいな）**、**pretty much like ～（～っぽい）**、**more like ～（～的な）** など like を使うものや、**yellowish（黄色っぽい）**、**noonish（正午くらい）**、**newish（まあまあ新しい）** など、-ish をつけるものがあります。

また、If I can have you sign this paper ...（この書類にサインしていただければ…）のように文を途中でやめて、相手に推測させるような曖昧表現もあります。

曖昧表現

CD 40

状況に応じて、英語でも曖昧表現を使えるようにしておくと便利です。

What is root beer?

ルートビアって何ですか。

It's kind of like coca cola.

コカコーラみたいな感じです。

Do you like the Beatles?

ビートルズは好き？

Kind of.

まあね。

I found it kind of difficult.

それは何となく難しいということがわかりました。

＊上の kind of よりも軽く発音します。

I sort of thought it would happen.

何となくそうなるんじゃないかと思ってたんだ。

Bob is pretty much like his brother.

ボブって彼のお兄さんっぽい。

San Francisco is more like a European city.

サンフランシスコは、どちらかと言うとヨーロッパ的な感じの街よ。

Well, something like that.

まあ、そんな感じだね。

If I can have you sign this paper ...

この書類にサインしていただければ…

＊後ろに ... you'll be all set.（手続きはすべて完了です）などが省略されています。

Oh, you're one of those ...

へえ、あなた、そうなの…

＊ those の後ろに人を表す名詞を直接言わず、「そういう人たちの 1 人なんだ」と、曖昧にぼかして言う表現。よく皮肉で使います。

UNIT 44 間接表現

秘訣 48

英語でもズバリ言いすぎると品が良くありません。たとえば、toilet（トイレ）のことを間接的に bathroom とか restroom と言ったりします。日本語でも「便所」は避け、「お手洗い」とか「化粧室」と言うのと同じです。

間接表現で品が良くなり、トラブルも回避できる

英語で中古車は used cars。もちろんそれでいいのですが、used という言葉はいかにも「使い古された」とか「古い安物」というイメージがあります。ですから最近では **pre-owned cars（以前所有されていた車）** と間接的に表現されています。

また、He is a Filipino.（彼はフィリピン人です）と言うよりも **He is from the Philippines.（彼はフィリピンの出身です）** と言ったほう

が英語ではより間接的です。

foreign ではなく international

アメリカの国際空港の入国審査ロビーでは、外国籍の訪問客用とアメリカ国民用のカウンターが分けてありますが、以前は外国籍の訪問客用の表示が Aliens（外国人）となっていました。「エイリアン」ではあんまりですよね。ですから、現在は、**International Visitors（海外からの訪問者）** などと記されています。

留学生も foreign students だったものを **international students** と呼ぶようになってきました。foreign という響きは「外の人」というイメージが強いので、「国際的」という international を使うのです。

人種や肌の色についてもできるだけ触れることはせずに、間接表現を使ったほうがいいでしょう。

間接表現

CD 41

※音声は良い例のみを収録しています。

間接表現を覚えておくと、状況に応じて品の良い英語が使えるようになります。

△ I'm looking for something cheap.

安いものを探しているんですが。

○ I'm looking for something inexpensive.

あまり値が張らないものを探してるんですが。

△ Can you give me a discount?

安くしてもらえませんか。

○ Are the prices negotiable?

お値段は交渉可能ですか。

△ Please write me back soon.

すぐに返事をください。

○ I'm looking forward to hearing from you soon.

すぐにお便りがあることを楽しみに待っております。

△ I want to go to a toilet.

便所に行きたい。

○ I need a restroom.

お手洗いを使いたいのですが。

△ He is handicapped.

彼は身体障害者です。

○ He is physically challenged.

彼は身体に障害をお持ちです。

△ She is White.

彼女は白人です。

○ She is European-American.

彼女はヨーロッパ系のアメリカ人です。

＊アメリカ人の場合。△ Caucasian（白人）でも可ですが、あまり使いません。

△ He is Black.

彼は黒人です。

○ He is African-American.

彼はアフリカ系アメリカ人です。

＊アメリカ人の場合。× Negro（黒人）は軽蔑的な言葉なので、絶対に使ってはいけません。

△ He is Indian.

彼はインディアンです。

○ He is Native American.

彼は先住アメリカ人です。

＊日本語でも英語でも、人を描写する場合には、白人、黒人、インディアンなど人種ではなく、間接的に髪型や服装などの特徴で表現するのも１つの方法です。

謙譲表現

英語では、日本語にくらべて、はっきりと思いを伝えることが多いのですが、やはり自慢につながるような表現は悪い印象を与えかねません。

ひと工夫するだけで、謙虚で感じのいい表現になる

I'm both surprised and deeply humbled by the decision of the Nobel Committee ...（ノーベル委員会の決定については、驚いていると同時に非常に謙虚に受け止めています…）

これは、オバマ大統領がノーベル平和賞を受賞したときの記者会見の席で話した言葉です。とても謙虚な言い方ですね。

また英語では、ほめられたら、「変に謙遜せずに Thank you. と言っ

て、素直にほめ言葉に応じなさい」とよく言います。たとえば、あなたの会社に対するコメントとして、This is a nice company you work at.（すばらしい会社にお勤めですね）と言われて、No, this is such a small company and has no facilities.（いいえ、小さくて設備も何もないんですよ）と英語で言ってしまうと、「謙虚な（humble）」というよりは、会社の「威厳を傷つけるような（derogatory）」発言と受け取られてしまいます。

しかし、Thank you. Yes, it is. This is the best company.（ありがとうございます。はい、わたくしどもの会社は最高の会社でございます）などと言い放ってしまうと、相手は引いてしまうかもしれません。それよりも、たとえば、**Thank you. We don't have the facilities like a large company would have, but it's enough for our needs.（ありがとうございます。設備については大会社にはかないませんが、私たちのニーズには十分です**）と言ったほうが相手も心地良く感じるでしょう。

謙譲表現

CD 42

ひと工夫して、感じのいい表現ができるように練習しましょう。

You're so knowledgeable!
いろんなことをご存知なんですね。

Thanks, but I still have a lot to learn.
ありがとう。でもまだ学ぶことがたくさんあって。

You speak English so well, Kaori!
英語がお上手ですね、カオリさん！

Thank you. I'm still trying.
ありがとうございます。今以上に上手になれるように努力しています。

You're a successful engineer.
エンジニアとして出世されましたね。

Well, not quite yet.
いや、まだまだですよ。

Here is a little something for you.
たいしたものではないですが、どうぞ。

This is a small token of my appreciation.
つまらないものですが、感謝の印です。

Oh, I'm not that good.
それほどでもないです。

I'm not as good as you are.
あなたにくらべれば私などまだまだです。

You are too kind.
おっしゃるほどでもないですよ。

UNIT 46

否定疑問文への受け答え

秘訣 50

英語の場合、肯定で聞かれようと、否定で聞かれようと、答え方は同じです。つまり、Do you like coffee?（コーヒーは好きですか）と聞かれても、Don't you like coffee?（コーヒーは好きではないんですか）と聞かれても、「好き」なら Yes.、「好きではない」なら No. と答えます。

日本語と感覚的に逆になるので慣れが必要だ

日本人が感覚的に間違いやすいのが、Don't や Aren't ではじまる**否定疑問文**への受け答えです。頭ではわかっていても、実際の会話では即座に対応できないことがあります。

たとえば、日本語では「コーヒーは好きですか」という質問に対して、好きであれば、「はい、好きです」、嫌いであれば、「いいえ、好きではありません」と答えます。「コーヒーは好きではないんですか」と否定疑問文で聞かれると、「いいえ、好きです」、「はい、好きではありません」となります。つまり、Yes. What you have just said is right. のように「あなたがおっしゃったことは正しいです」なら「はい」、「正しくないです」なら「いいえ」ということですね。英語の場合、肯定で聞かれようと、否定で聞かれようと、答え方は同じで、「**好き**」なら **Yes.**、「**好きではない**」なら **No.** と答えます。

付加疑問文の場合も同じです。たとえば、You didn't finish your homework, did you?（君はまだ宿題を終わらせていませんよね）に対する答えも、Yes, I did.（いいえ、もう終わらせましたよ）、No, I didn't.（はい、まだ終わらせていません）となります。

日本語と受け答えのルールが違うので、否定疑問文で聞かれるときには、特に注意をしなければなりません。

否定疑問文への受け答え

CD 43

慣れるまで何度も練習して英語の感覚をつかみましょう。

Don't you like coffee, Mike?
マイクさん、コーヒーは好きではないんですか。

No, I don't.
はい、好きではありません。

Aren't you going to the party tonight?
今夜のパーティーには行かないんですか。

No, I'm not. I'm busy with my homework.
はい、宿題で忙しいので。

Don't you have a class today?
今日は授業はないのですか。

Yes. I have two more to go in the afternoon.
いいえ。午後にあと2つあります。

You don't want to eat out again tonight, do you?

また今夜も外食するのは嫌だろう？

Yes, of course I do.

いいえ、もちろん行きたいわよ。

You've never met George before, have you?

以前ジョージに会ったことはないよね？

No. I don't think I have.

はい。ないと思います。

UNIT 47

丁寧さを出すノウハウ

秘訣 51

ひと言表現をつけ加えるだけで、礼儀にかなった言い方になります。たとえば、Would you like some more coffee?（もう少しコーヒーをいかがですか）という申し出に対しては、ただ Yes. や No. だけでは失礼です。Yes, please.（はい、お願いします）や No, thank you.（いいえ、けっこうです）のように後ろにひと言つけ足すことによって丁寧にします。

Do you think を前に置く

Can you come?（来られますか）と直接聞くよりも、Do you think you can come?（来られると思いますか）のように前にひと言つけ足し、間接的な疑問文にしたほうが丁寧に聞こえます。

Who should I contact?（誰と話をしたらいいんですか）と聞くよりも、Could you tell me who to contact?（誰と話をしたらいいか教えていただけませんか）と聞いたほうがより丁寧です。

一般的に、「～してくれませんか」と頼むときは、**Will you ～？**や**Can you ～？**で十分ですが、**Would you ～？**や**Could you ～？**のように、過去形にしたほうがより丁寧な表現になります。

命令文の前に You should をつける

また、命令文には**You should ～**をつけるだけで、少しやわらいだ言い方になります。たとえば、Go to see him.(彼に会いに行きなさい)ではなく、You should go to see him.（彼に会いに行ったほうがいいと思いますよ）と言うと、**軽く提案する**言い方になります。

押しつけに聞こえないように、〈I would suggest 主語＋動詞の原形〉を使って I would suggest you go to see him.（彼に会いに行ってみてはどうですか）と提案することもできますし、(If I were you,) I would go to see him.（［もし私があなただったら］彼に会いに行くでしょう）のように、you を使わずに、仮定的に自分を主語にして、丁寧さを表すこともできます。

Would you mind
taking my picture?

丁寧さを出すノウハウ

CD 44

ひと言をつけ加えるだけで、礼儀にかなった丁寧な表現になります。

ズバリ表現を回避する

Would you mind taking my picture?
写真を撮っていただけませんでしょうか。

Could you make a photocopy of this for me?
これを私の代わりにコピーしていただけませんか。

Let me hold it for you.
[重たいものなどを] 私がお持ちしましょう。

I'm sorry to have caused you so much trouble.
ご面倒をおかけして申し訳ございません。

I would suggest that you go to see a doctor.
病院に行ってみてはどうですか。

前か後ろにひと言つけ足す

I don't want to be rude, but ...

こんなことを申し上げると失礼かもしれませんが…

Do you think **you can check on that for me?**

それについて調べていただけますか。

Do you happen to know **what time he will come?**

彼が何時に来るか、ひょっとしてご存知ですか。

I'd like you to xerox this for me if you don't mind**.**

もしよろしければこれをコピーしていただきたいのですが。

How did you get to know each other if I may ask**?**

失礼ですが、お二人はどういうふうにお知り合いになられたのですか。

UNIT 48

男言葉・女言葉はあるか

たとえば、lovely（かわいい）、fantastic（すばらしい）、exciting（わくわくする）というような単語はもちろん男女とも使いますが、このような感情を強く表す言葉は、言い方によっては非常に女性的に聞こえます。

言葉ではなく言い方で男女差が出る。ののしり言葉は男性的

男言葉と女言葉に大きな違いがあるのは、日本語の大きな特徴の１つですが、英語には日本語のような違いはほとんどありません。時代背景や年齢差も関係ありますが、英語は言葉そのものというよりも、どう話すか（how you speak）、たとえば、強い響きで話すのか優しく話すのか、その話す様態（manner）によって印象が大きく変わるのです。

たとえばDamn it!（畜生！）、Oh, shit!（くっそ～！）、A fucking

old car!（すっげ～古い車だな！）、What the hell are you doing?（お前、いったい何やってんだよ！）のようなののしり言葉（curse, cuss）は男性が使用しがちです。

男性は、わざと汚い言葉や、いわゆる「男らしい」言葉を使って、自分の男としてのアイデンティティを出したがるものです。

女性は標準形を好む

社会言語学者のピーター・トラギル（Peter Trudgill）は、概して「女性は標準形を好む」と言っています。これは日本語も同様で、たとえば男性は一人称に「俺」とか「僕」を使うのに対して、女性は「私」のように、標準的な言葉を多用する傾向があります。

CD 45

男言葉・女言葉はあるか

男言葉と女言葉の違いはほとんどありませんが、言い方で差が出ます。

This room is lovely!
この部屋、かわいい～！

This room is nice!
この部屋、いいね！

That T-shirt is so cute!
そのTシャツ、かわいい～！

That T-shirt is cool!
そのTシャツ、かっこいい！

She is cute!
彼女、かわいい～！

She is beautiful!
彼女、美人だ！

She is so precious to me!
彼女は私にとってかけがえのない人なの！

She means a lot to me!
彼女は僕にとって大切な人なんだ！

Oh, dear!

あら、まあ！

Oh, my God!

こりゃたいへんだ！

＊この場合、敬虔なクリスチャンは God という言葉は避け、Oh, my gosh. と言ったりもします。相手がどのような人なのかを見極め、言葉遣いには注意を払わなければいけません。

UNIT 49

スラングはカッコいい？

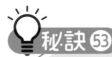

スラングを使ったほうが「自由でワイルドなアメリカ」らしいとか、かっこいいとか、使ったほうが英語らしくて自然だと勘違いしてはいけません。個人の好みや民族の差もあります。多用すると教養を疑われることもあるので注意しましょう。

スラングは多様、使い方に注意すべし

スラング（slang）は人種、年齢、職種などによってさまざまな用例があります。たとえば、**ティーンエイジャー用語**（teenage slang）、**大学用語**（college slang）、**軍隊用語**（army slang）などがありますし、また、**それぞれの分野の専門用語**（jargon）などもあります。

ネイティブスピーカーであっても、職種や分野が異なれば知らないスラングもたくさんあります。たとえば、トイレのことをスラングで

johnと言いますが、海軍ではheadと言ったりします。時代的な変化もあります。Do you smoke pot? がどういう意味かご存知ですか。みなさんはこの質問にはNo, I don't. と答えなければいけません。potはスラングでマリファナという意味です。マリファナのことは、以前はgrassと言っていましたが、今ではpotが一般的です。

また、「ずらかろうぜ！」と言うときに、以前はLet's vamoose! なんて言っていましたが、今では何となく古臭い感じがします。若い人たちはLet's roll! とかLet's rock! というスラングをよく使います。

ハワイではThat's shibai.

スラングは地域によっても異なります。ハワイ州では「それは作り話だろう」という意味で、That's shibai. と言うことがあります。主に政治家の言動に使うことが多いようですが、このshibaiという言葉は日本語の「芝居」から来ています。これをハワイ以外の人が使ったらやっぱり変な感じがします。ここでは、スラングであったものが定着し、かなり日常表現化したものを紹介します。

スラングはカッコいい？

CD 46

スラングは多用しすぎないように気をつけましょう。

The city is going green.

その街は環境に気を使っています。

＊ green は environment-conscious（環境への意識が高い）、environmentfriendly（環境に優しい）という意味です。

Let's roll!

行こう［さあ、はじめよう］！

I gave him the slip.

彼をまいた。

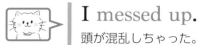

They ripped me off!

ぼられた！

I messed up.

頭が混乱しちゃった。

This car is super compact!

この車は、超小さいね！

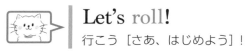

You should ask the cop over there.

あそこにいるおまわりさんに尋ねたほうがいいですよ。

It cost me four grand to travel around Australia!

オーストラリアに旅行するのに4000ドルもかかってしまった。

＊ grand は1000ドルという意味です。複数の s はつけません。

She is a little wishy-washy.

彼女は何となく煮え切らないね。

This is sweet!

これってすご～い！

That's so random.

（奇妙な光景を見て）普通じゃないね。

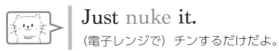

Just nuke it.

（電子レンジで）チンするだけだよ。

That store is open 24/7.

あの店は年中無休です。

This umbrella is so crappy.

この傘はオンボロだ。

He'd better kick his booze habit.

彼は酒グセをなおすべきだ。

第4章 EXERCISES

❶ 日本語を参考にして、(　　　) に適語を入れましょう。
チャレンジ は応用問題です。

1. この道を行くとホテルに着きますよ。
This street (　　　　) you to the hotel.

2. オレンジジュースを２つお願いします。
Two orange (　　　　), please.

3. Ａ：今日は授業はないのですか。
Ｂ：いいえ。午後にあと２つあります。
A: Don't you have a class today?
B: (　　　　). I have two more (　　　　) (　　　　) in the afternoon.

4. あそこの赤い小さい車を見てごらん。
Look at the (　　　　) (　　　　) car over there.

5. つまらないものですが、感謝の印です。
This is a small (　　　　) of my appreciation.

6. 彼の髪は白くなりました。
His hair has turned (　　　　).

7. 会議室にコンセントはいくつありますか。
How many (　　　　) does the meeting room have?

8. 今日はついてないな。
Today is not (　　　　) (　　　　).

9. それをください。チャレンジ
(　　　　) me have it.

10. お話し中お邪魔をして申し訳ございません。チャレンジ
I'm sorry to (　　　　) your conversation.

❷ つぎの日本語を、英語で言ってみましょう。
ヒントも参考にしてください。

1. あ〜、びっくりした！

____

ヒント you を主語にします。

2. 危ない、危ない！

____

ヒント 英語では同じ言葉はくり返さず一度だけ言います。

3. お値段の交渉は可能ですか。

____

ヒント discount は直接的すぎます。別の言葉を使ってみましょう。

ANSWERS

❶

1. This street (leads) you to the hotel.

✔ 日本語では「あなたがホテルに着く」という発想ですが、英語では「この道があなたをホテルに導く」という発想です。英語では This street のように無生物が主語になることがよくあります。

2. Two orange (juices), please.

✔ 通常液体は数えられませんが、注文するときには two coffees など s をつけることが可能です。

3. (Yes). I have two more (to) (go) in the afternoon.

✔ 否定疑問文で聞かれたときの答え方に注意しましょう。英語では肯定で答えるときはいつも yes、否定で答えるときはいつも no です。

4. Look at the (small) (red) car over there.

✔ 語順に注意しましょう。日本語ではどちらでもいい語順が、英語ではどちらかに決まっていることがあります。この場合、× the red small car とは言いません。

5. This is a small (token) of my appreciation.

✔ 英語にも謙譲表現があることを忘れてはいけません。token はこの場合「印」に当たります。token はゲームで本物のお金の代わりに使うコインという意味もあります。

6. His hair has turned (gray).

✔ 色のイメージは文化によって異なります。英語では「白髪」は gray (灰色) で表します。「～になる、変わる」は turn を使います。

7. How many (outlets) does the meeting room have?

✔ 通じないカタカナ英語に注意しましょう。コンセントは outlet です。consent には「同意」「承諾」というまったく異なる意味があります。

8. Today is not (my) (day).

✔ 英語への発想の転換が必要です。lucky（ついている、幸運な）という言葉を思い浮かべがちですが、「ついていない」は「自分の日ではない」と発想します。

9. (Let) me have it.

✔「あげる」「くれる」は give を使うことができますが、Give it to me. は直接的で失礼にならないとも限りません。丁寧に言いたければ Let me have ～. を使います。

10. I'm sorry to (interrupt) your conversation.

✔ 話したい相手が他の人と話をしているけれども、どうしても急ぎの用事を伝えないといけないときに使う丁寧な言い方です。interrupt は「邪魔をする」という意味です。

❷

1. You scared me!

✔ 日本語では「私が驚いた」と考えますが、英語では「あなたが私を驚かせた」という発想です。

2. Watch out!

✔「危ない、危ない！」など、英語では定型表現の反復はあまり好まれません。ひと言、Watch out! とか Look out! と言います。

3. Are the prices negotiable?

✔ 結局「値引きしてください」と言いたいわけですが、give ～ a discount はあまりに直接的なので、negotiable（交渉可能な）を使って、「（値段は）交渉できるかどうか」を聞いたほうが間接的で品があります。

●著者紹介

山崎祐一（ヤマサキ ユウイチ） Yuichi Yamasaki

長崎県出身。カリフォルニア州立大学サンフランシスコ校大学院修士課程修了。現在、長崎県立大学教授。専門は英語教育学、異文化間コミュニケーション。小学校英語教育学会理事。小中学校英語教科書著者。日米の国際家族に育ち、言葉と文化が不可分であることを痛感。アメリカの大学で講義を9年間担当。数々の通訳業務や映画の翻訳にも携わり、依頼講演は800回を超える。NHK総合やTBSなど、テレビや新聞等でも英語教育や異文化理解に関する解説やコメントが紹介される。TOEFL (PBT) 673点（TOEIC換算990点）、TSE (Test of Spoken English) スピーキング・発音部門満点、TWE (Test of Written English) 満点。著書に『これならできる！　小学校英語ハンドブック』監修（啓林館）、『先生のための授業で1番よく使う英会話』、『ネイティブが会話で1番よく使う英単語』、『瞬時に出てくる英会話フレーズ大特訓』、『世界一やさしい すぐに使える英会話超ミニフレーズ300』（以上、Jリサーチ出版）など。

カバーデザイン　滝デザイン事務所
本文デザイン／DTP　アレピエ
本文イラスト　池上真澄
CD録音・編集　一般財団法人　英語教育協議会（ELEC）
CD制作　高速録音株式会社

本書へのご意見・ご感想は下記URLまでお寄せください。
https://www.jresearch.co.jp/contact/

ゼロからスタート英会話
英語の気くばり・マナーがわかる編

令和2年（2020年）1月10日　初版第1刷発行

著　者　山崎祐一
発行人　福田富与
発行所　有限会社　Jリサーチ出版
〒166-0002 東京都杉並区高円寺北2-29-14-705
TEL 03(6808)8801（代）　FAX 03(5364)5310
編集部 03(6808)8806
https://www.jresearch.co.jp
印刷所　㈱シナノ パブリッシング プレス

ISBN978-4-86392-466-6